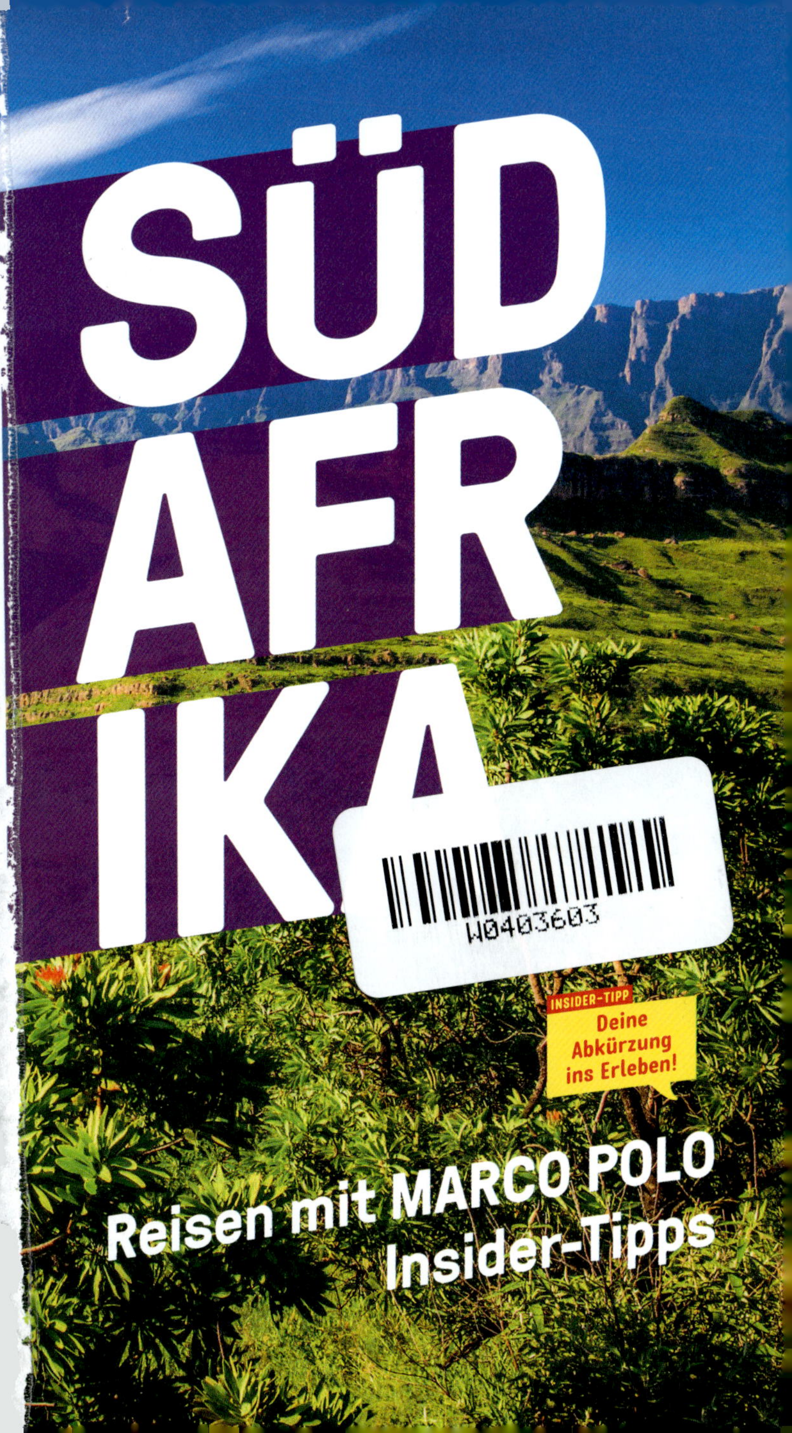
SÜD
AFR
IKA
INSIDER-TIPP
Deine Abkürzung ins Erleben!
Reisen mit MARCO POLO
Insider-Tipps

MARCO POLO TOP-HIGHLIGHTS

KAP DER GUTEN HOFFNUNG ③

Sturmumtobt und sagenumwoben trotzt das Kap den Wellen und der Zeit (Foto)

📷 *Tipp: Der Fußweg zum Leuchtturm am Cape Point lohnt sich – grandioser Ausblick auf beide Ozeane!*

➤ S. 72, Kapstadt und Umgebung

GARDEN ROUTE ①

Wälder, Wale und Wein: Die Strecke an der Südküste ist völlig zu Recht beliebt. Startest du vom Kap aus, beende die Fahrt im Addo Elephant Park

➤ S. 38, Kapprovinzen

SPICEROUTE ④

Auf einem Hügel bei Paarl zeigen kulinarische Meister, was sie draufhaben: Neben Schokolade und Biltong gibt's selbstgebrautes Bier und – natürlich – auch Wein

➤ S. 75, Kapstadt und Umgebung

KIRSTENBOSCH NATIONAL BOTANICAL GARDENS ②

Die Osthänge des Tafelbergs sind perfekt für Spaziergänge, Picknicks und Konzerte

📷 *Tipp: Ein ruhiges Örtchen auf dem Rasen und du findest dich bald in einem Schwarm fotogener, bunter Perlhühner wieder!*

➤ S. 66, Kapstadt und Umgebung

STELLENBOSCH ⑤

In der bekanntesten Stadt der Winelands wäre man gern auch Student, so schön ist sie

➤ S. 72, Kapstadt und Umgebung

GOLDEN GATE HIGHLANDS NATIONAL PARK ★ 6

Die Schönheit der Sandsteinformationen ist wirklich dramatisch – nicht nur, wenn sie von der Sonne angestrahlt golden leuchten

➤ S. 88, Freistaat

LESOTHO ★ 7

Dach der Welt: Das unabhängige kleine Königreich liegt auf 1000 bis 3000 m Höhe

📷 *Tipp: Bei einer Fahrt durchs Hinterland liefern die traditionellen Rundhütten-Siedlungen schöne Motive*

➤ S. 86, Freistaat

SOWETO ★ 8

Das größte Township Südafrikas ist laut und fröhlich und zeigt, wie sich Südafrika seit dem Ende der Apartheid entwickelt hat

📷 *Tipp: Respektvoll fragen, dann darf man schon mal einen Blick in die Wellblechhütten werfen und Fotos schießen*

➤ S. 109, Nordprovinzen

SUN CITY ★ 9

In einer künstlichen Landschaft bei Johannesburg trifft Disneyworld auf Indiana Jones

➤ S. 113, Nordprovinzen

KRUGER NATIONAL PARK ★ 10

Tierisch gut: In dem riesigen Wildreservat könnte man wochenlang Urlaub machen

📷 *Tipp: Die besten Fotos bekommst du frühmorgens und abends an den Wasserlöchern, wenn die Tiere trinken*

➤ S. 118, Nordprovinzen

INHALT

NORDPROVINZEN
FREISTAAT
KWAZULU-NATAL
KAPPROVINZEN
KAPSTADT UND UMGEBUNG

Besuch planen
€–€€€ Preiskategorien
(*) Kostenpflichtige Telefonnummer
Essen/Trinken
Shoppen
Ausgehen
Top-Strände

(A2) Herausnehmbare Faltkarte
(a2) Zusatzkarte auf der Faltkarte
(0) Außerhalb des Faltkartenausschnitts

DAS BESTE ZUERST

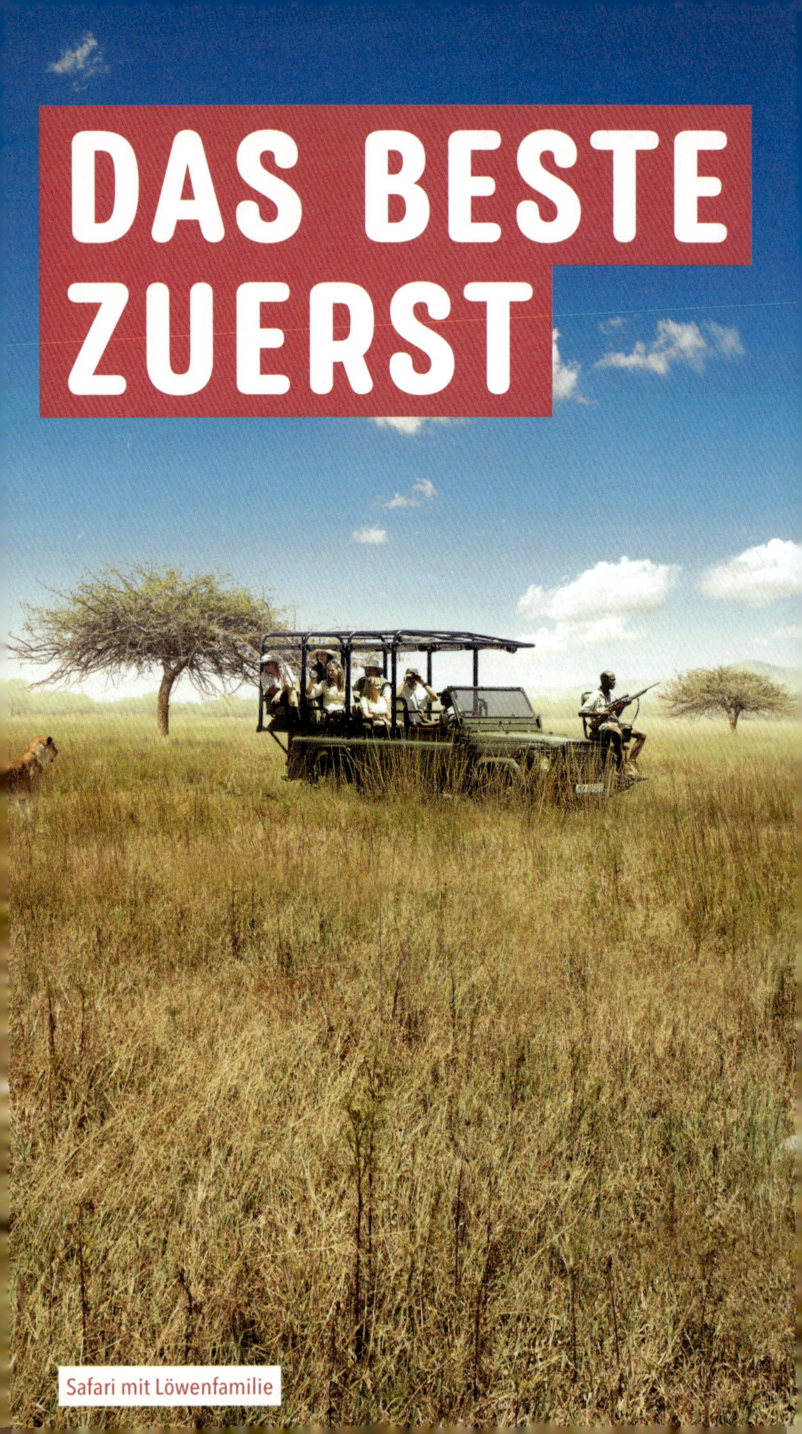

Safari mit Löwenfamilie

BEST OF BEI REGEN

SCHÖN, AUCH WENN ES REGNET

SHOPPEN BIS ZUM UMFALLEN

Das Kaufparadies *Victoria & Alfred Waterfront* in Kapstadt erstreckt sich am Hafen über mehrere Gebäude. Ist der Shopping-Hunger gestillt, dann auf zu den Museen, den Kinos oder an die internationale Essmeile! Auch die Unterhaltung kommt im Kapstädter Hafenviertel nicht zu kurz (Foto)

➤ S. 68, Kapstadt und Umgebung

UNTERWASSERLAND

In der *uShaka Marine World* in Durban können die Besucher allerhand Flossengetier mit und ohne Kiemen beim Schwimmen zusehen, während sie selbst gemütlich trocken bleiben

➤ S. 95, Kwazulu-Natal

ZURÜCK ZU DEN ANFÄNGEN

Das *Castle of Good Hope* ist das älteste Gebäude in Südafrika. Heute sind hier mehrere Museen beheimatet – und ein paar Geister der Vergangenheit

➤ S. 66, Kapstadt und Umgebung

WIEGE DER MENSCHHEIT

40 km von Johannesburg entfernt befindet sich die *Cradle of Humankind,* ein System von Sandsteinhöhlen, in dem Millionen Jahre alte, versteinerte Überreste unserer Vorfahren gefunden wurden. Neulich erst die eines bislang noch unbekannten Urahns: des Homo Naledi, der den Übergang vom Affen zum Menschen einleitete

➤ S. 113, Nordprovinzen

ALTES BLECH, ALTER TROPFEN

Über 100 Jahre Automobilgeschichte gibt es auf dem Weingut *L'Ormarins* zu bestaunen. Mehr als 200 Automobile und Motorräder machen die Sammlung des *Franschhoek Motor Museum* in Südafrika einmalig. Anschließend solltest du die französisch geprägten Weingüter des Tals abklappern, denn schon die Hugenotten wussten: Wenn es regnet, mach eine Weinprobe!

➤ S. 77, Kapstadt und Umgebung

BEST OF

LOW-BUDGET

FÜR DEN KLEINEN GELDBEUTEL

GLITZERKRAM
Das *Big Hole and Kimberley Mine Museum* dokumentiert die aufregende Zeit des Diamantenrauschs, im Gegensatz zum Big Hole ist das Museum gratis. In einem besonders gesicherten Raum, dem *Diamond Vault,* sind echte Diamanten zu besichtigen
➤ S. 57, Kapprovinzen

LEBEN WIE EIN COWBOY
Zwei Tage Reiten all-inclusive für schlappe 2500 Rand: Im Western Style geht's durch einen Wildpark in die Berge an der Grenze zu Lesotho. Übernachtet wird in einer Berghütte. Ein Jeep bringt Verpflegung. Diesen und andere Ausritte bietet die *Bokpoort Farm* in der Nähe von Clarens (Foto)
➤ S. 88, Freistaat

KUNST OHNE KOSTEN
Die *Tatham Art Gallery* in Pietermaritzburg ist eines der besten Museen für zeitgenössische südafrikanische und internationale Kunst. Der Eintritt ist kostenlos, und am Mittwochnachmittag gibt es außerdem noch ein Konzert
➤ S. 100, Kwazulu-Natal

FLANEURE GESUCHT
Auf der beliebten Strandpromenade von Durban treffen sich Familien, Surfer, Sportler und Paare, also alle. Am Anfang der *Golden Mile* kann man sogar ohne Eintritt zu zahlen an den Schaubecken der *Ushaka Marine World* vorbeispazieren
➤ S. 95, Kwazulu-Natal

GRÜNES FAST ZUM NULLTARIF
So könnte es bei Adam und Eva ausgesehen haben. Der *Garden Route Botanical Garden* ist wie ein Museum fürs Paradies, aber im Gegensatz zum Ur-Paar müssen Besucher keinen hohen Preis fürs Darinsein bezahlen – nämlich nur 10 Rand.
➤ S. 44, Kapprovinzen

BEST OF

MIT KINDERN

SPANNENDES FÜR GROSS & KLEIN

AUF DEM WASSER GEHEN

Von dem kleinen Hafen in Hout Bay fahren Boote die kurze Strecke nach *Duiker Island,* einer Insel, die mit Seehunden bevölkert ist. Die „Calypso" hat Fenster im Schiffsboden, sodass ihr schon auf der Fahrt das Treiben im Meer beobachten könnt

➤ S. 71, Kapstadt und Umgebung

GOLFEN WIE AUF DEM MARS

Minigolf ist ja schon ganz lustig, aber wenn der Parcours im Dunkeln leuchtet und mit 3D-Brillen bespielt wird, beamt das die Spieler in eine ganz andere Spaßdimension. Auf 18 Bahnen bieten die *Glowing Rooms* bei Kapstadt wohl das außergewöhnlichste Golferlebnis in Afrika

➤ S. 70, Kapstadt und Umgebung

MONSTERWELLE

Könnten sich Kinder ein Schwimmbad im Dschungel bauen, es würde wohl so aussehen wie das *Valley of Waves,* das Erlebnisbad in *Sun City* bei Johannesburg. Bei einer der Rutschen geht's 17 m in die Tiefe. In der Roaring Lagoon kommen alle paar Minuten Zwei-Meter-Wellen auf.

➤ S. 113, Nordprovinzen

GROSSSTADTDSCHUNGEL

Nicht alle von den Big Five in freier Wildbahn gesehen? Das kannst du immer noch im *Johannesburger Zoo* nachholen. Dort leben über 300 Tierarten. Absolutes Highlight sind die Nachtführungen

➤ S. 109, Nordprovinzen

KOPFÜBER IM BERGWERK

Mehr als 20 Bahnen und Karussells sorgen für abwechslungsreiches Vergnügen im Vergnügungspark *Gold Reef City* bei Johannesburg. Die Fahrt hinunter in einen 200 m tiefen Schacht, in dem früher Gold abgebaut wurde, ist der Höhepunkt

➤ S. 108, Nordprovinzen

BEST OF

TYPISCH

DAS ERLEBST DU NUR HIER

SURF'S UP
Für Surfer ist der kleine Ort *Jeffrey's Bay* in der Nähe von Port Elizabeth *der* Spot auf dem afrikanischen Kontinent. Dort treffen sich Gleichgesinnte aus aller Welt und erleben die „Super Tube", eine perfekte Welle (Foto)
➤ S. 53, Kapprovinzen

WEIN-HOPPING
An sich schon ein Widerspruch, denn es gibt rund um Stellenbosch Hunderte Weingüter, aber leider auch eine strikte Promillegrenze für Autofahrer. Da hilft der *Vine Hopper*, der die Weingüter entspannt abklappert. Ein- und Ausstieg nach Belieben!
➤ S. 74, Kapstadt und Umgebung

BESONDERES FEDERVIEH
Südafrikaner lieben Fleisch, am liebsten große Steaks auf einem Grill. Ist ja jetzt nicht nur gesund – wie gut, dass in Oudtshoorn Strauße gezüchtet werden, z. B. auf der *Cango Ostrich Farm*. Deren Fleisch kann man auch in größeren Mengen und ohne Reue essen, es gilt als fett- und cholesterinarm
➤ S. 46, Kapprovinzen

WIE ES FRÜHER WAR
Im *Basotho Cultural Village* im Freistaat erfährst du aus erster Hand, wie der Stamm der Basotho seit Jahrhunderten lebt. Die Berge zwischen Südafrika und Lesotho sind ihre Heimat. Triff den *Chief*, probier das selbst gebraute Bier und besuch einen Heiler
➤ S. 89, Freistaat

UNTER BÄUMEN
Die *Dorp Street* in Stellenbosch ist ein typisches Beispiel dafür, wie Südafrikaner in den ersten Jahrzehnten nach der Besiedlung des Kaps lebten. Für Studenten sind die alten Eichen besonders wichtig, denn nur, wem eine Eichel auf den Kopf fällt, der besteht sein Examen, so der Aberglaube
➤ S. 73, Kapstadt und Umgebung

SO TICKT SÜDAFRIKA

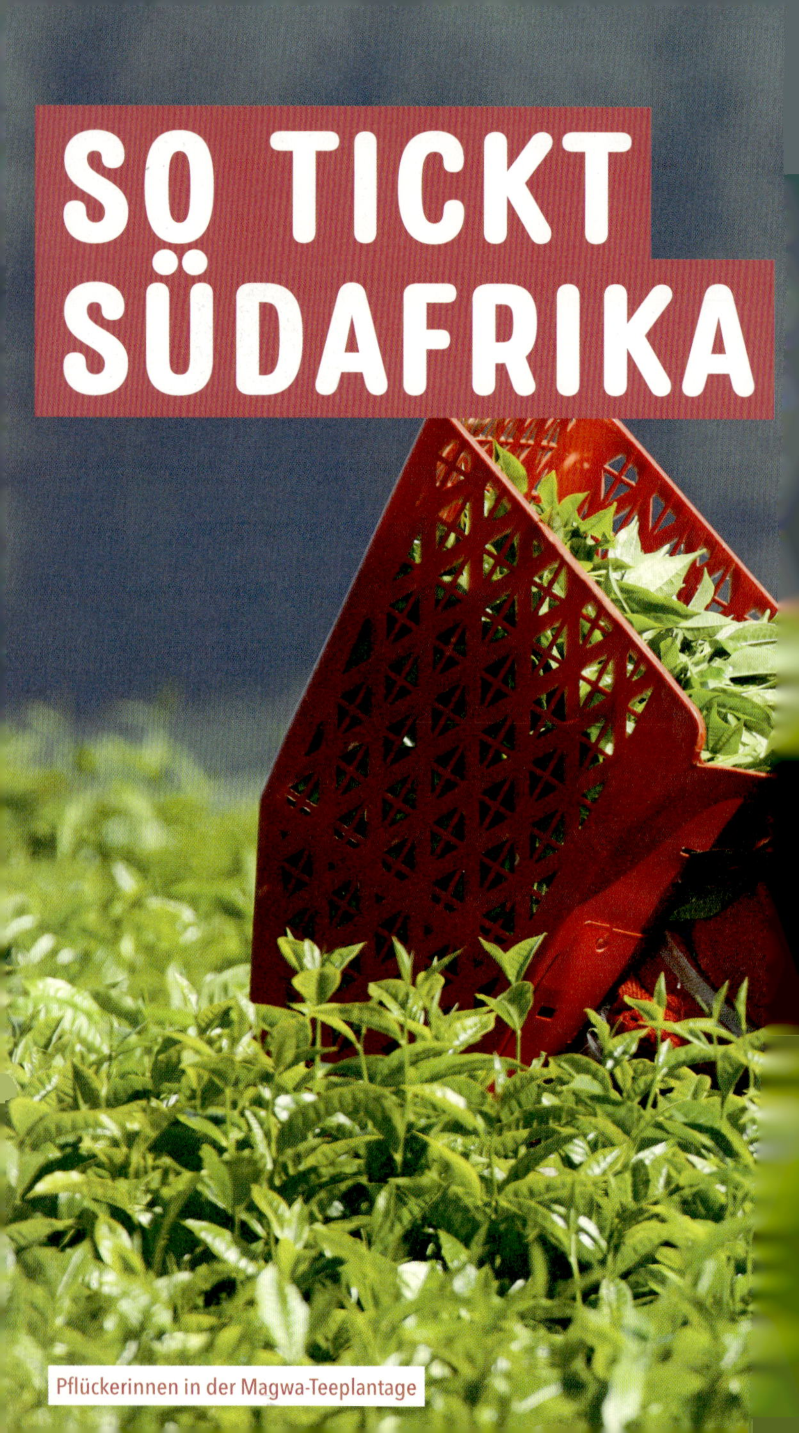

Pflückerinnen in der Magwa-Teeplantage

ENTDECKE SÜDAFRIKA

Fröhliches Get-together: Jugendliche am Strand von Muizenberg, False Bay

Die wichtigste Lektion zuerst: Südafrika lässt sich nicht in einem Satz beschreiben. Seine Vielfalt ist abenteuerlich, die Unterschiede machen nachdenklich. Nelson Mandela, der Übervater der noch relativ jungen Demokratie, hat oft von seiner Regenbogennation gesprochen. So umstritten das harmonische Bild heute ist, so sehr passt es doch: Viele einzelne Farben ergeben ein beeindruckendes Spektrum.

SCHMELZTIEGEL DER KULTUREN UND SPRACHEN

Die Vielfalt spiegelt sich schon in den Landessprachen. Südafrika hat gleich elf davon: Zulu, Xhosa, Afrikaans, Northern Sotho, Sesotho, Tswana, Tsonga, Swati, Ndebele, Venda und Englisch. Und dann sind da noch unzählige inoffizielle Sprachen und Dialekte. Klingt kompliziert, ist es auch. Wer sich als Tourist ein

100 v. Chr. Khoisan-Stämme wandern nach Südafrika ein

600 n. Chr. Bantustämme lassen sich an der Ostküste nieder

1652 Weiße Siedler gründen eine Versorgungsstation am Kap

1795 Englische Besetzung am Kap

1835 Burentreck nach Norden

1867 Der erste Diamantenfund

1910 Britische Kolonien und Burenrepubliken werden zur Südafrikanischen Union

INSIDER-TIPP
Mit einem Hallo punkten

paar Pluspunkte sammeln will, sollte daher neben dem obligatorischen „Howzit?" auch mal ein „Sawubona!" (Zulu) oder „Dumelang!" (Tswana) zur Begrüßung von sich geben, je nach Region, durch die man gerade reist. Apropos Reisen – das geht ganz hervorragend. Von Nord nach Süd, von Ost nach West oder andersherum, mit dem Flugzeug, in Luxuszügen oder als Roadtrip mit dem Auto oder Motorrad. Am besten zwischen Oktober und April. Dann ist Sommer in der südlichen Hemisphäre und Afrikas Südzipfel strahlt in den schönsten Farben. Es schadet nicht, sich vorher bei einem Glas südafrikanischem (!) Wein schon mal grob zu überlegen, was man sehen und erleben will. Vielleicht braucht man dafür auch zwei Gläser, da die Auswahl beeindruckend ist … und die Entfernungen doch ziemlich groß sind.

LASS DIE UHR BESSER ZU HAUSE!

Allein beim Klassiker aller Roadtrips – von Johannesburg nach Kapstadt durch die Halbwüste Karoo – stehen am Ende mindestens 1400 km auf dem Tacho, Küstenfreunde können sich auf über 3000 km entlang des Atlantischen und des Indischen Ozeans austoben. Und selbst beim Elefanten- und Löwenspotting in einem der Nationalparks ist Ausdauer gefragt. Der Kruger-Park z. B. ist so groß wie Hessen, und ein paar Dutzend Kilometer von einem Camp zum nächsten werden leicht zu Stunden, wenn sich die Wildtiere zum Fotoshooting auf der Straße positionieren. Das alte Sprichwort „There is no hurry in Africa" (keine Eile

1948 Beginn der Apartheid

1990 Nelson Mandela kommt frei

1994 Erste freie, demokratische Wahlen

2010 In Südafrika findet die erste Fußball-WM in Afrika statt

5. Dez. 2013 Nelson Mandela stirbt 95-jährig in Johannesburg

2019 Neuer Ur-Menschen-Fund: der Homo Naledi

2019 Südafrika wählt zum 6. Mal einen Präsidenten

in Afrika) gilt auch im Süden des Kontinents. Sobald man sich darauf einlässt, erlebt man in diesen nicht-durchgetakteten Momenten wunderbare Dinge: die Sonne auf der Haut, das Lächeln von Passanten und spontane Unterhaltungen. Das obligatorische „How are you?" ist ernst gemeint. In nahezu jeder Situation ist ein kleiner Austausch willkommen. Das vereint alle Bevölkerungsgruppen.

BUNTES VOLK, BUNTES LAND

Um mal in nicht-chronologischer Reihenfolge ein paar Beispiele zu nennen: Die Ndebele formen zwar die kleinste Gruppe, stehen mit ihren kunterbunten geometrischen Wandmalereien und dem aufwendigen Perlenschmuck aber so stereotyp für Südafrika wie die Bayern für Deutschland. Auf Platz zwei der Foto-Hitliste: die stolzen Zulu aus dem Nordosten. Sie tragen traditionell Tierfellteile als Schmuck, glauben an Schicksalslenkung durch die Geister der Vorfahren und verehren König Shaka als Urvater aller Zulus. Die Hauptstadt der Provinz Kwazulu-Natal ist Durban – dort wiederum leben die meisten Inder außerhalb Indiens. In den Weihnachts- und Osterferien ist Durban rappelvoll, das tropische Klima lockt Urlauber zu Zehntausenden an den warmen Ozean. Ganz anders die Teile des Nord- und Ostkaps, die in der Halbwüste Karoo liegen: Trocken, karg, unendlich weit, überspannt von tiefblauem Himmel. Mangels Menschen gibt es dort kaum Lichtverschmutzung, und die Sterne glitzern, als gäbe es was zu gewinnen.

EINE NATION SUCHT SICH SELBST

Im Freistaat – wie auch in den Nordprovinzen – regnet es nur im Sommer, dann ist plötzlich alles grün. Im Namaqualand an der Westküste bricht jedes Jahr von August bis Oktober die große Blüte aus. Die meisten Bewohner dieser Region sind sogenannte *Coloureds,* Nachfahren u.a. der Buschmänner, die heute politisch korrekt Khoisan genannt werden. Als Folge der Apartheid arbeiten sie meist auf Farmen, sofern sie überhaupt einen Job haben. Aber sie sprechen genauso Afrikaans wie die Farmer, denen das Land ihrer Vorfahren heute gehört. Ab 1835 zogen die ersten europäischen Siedler vom Kap, meist Niederländer und Deutsche, mit ihren Ochsenkarren ins Landesinnere und ließen sich dort im Nirgendwo nieder. Heute noch sind sie ein naturverbundener, eher konservativer, aber gastfreundlicher Menschenschlag mit großem Familiensinn. Übrigens leicht erkennbar an den immer barfuß laufenden Kindern ... Während der Apartheid verfolgte die Buren-Regierung eine knallharte Segregationspolitik. Wer nicht weiß war, wurde systematisch benachteiligt und ausgebeutet. Das kam in der Welt schlecht an. Der Druck von außen und innen durch den Freiheitskampf der heutigen Regierungspartei ANC ließ das System schließlich kollabieren, und Nelson Mandela wurde der erste demokratisch gewählte Präsident. Mehr als zwanzig Jahre nach dem großen Befreiungsschlag ist Südafrika immer noch dabei sich zu finden. Aber es tut dies auf die all seinen Kulturen eigene, fröhliche und freund liche Art – mit Witz und viel Optimismus. Eine sympathische Mischung!

AUF EINEN BLICK

58 MIO.
Einwohner

Schweiz: 8,4 Mio.

3.000
Sonnenstunden im Jahr

Das sind doppelt so viele wie in Deutschland

1,2 Mio. km²
Landesfläche

Südafrika ist damit dreimal so groß wie Deutschland, trotzdem hat es weniger Einwohner …

19.500 km²
Fläche des Kruger-Nationalparks

Das entspricht in etwa der Größe des Bundeslands Rheinland-Pfalz

HÖCHSTE BUNGEE-JUMP-BRÜCKE DER WELT

216 m

Bloukrans Bridge im Tsitsikamma-Wald

GRÖSSTES TOWNSHIP

1,5 MIO.

MENSCHEN LEBEN IN SOWETO

Hamburg: 1,8 Mio.

KÜSTENLÄNGE

2.800km

Das sind 400 km mehr als in Deutschland

SÜDAFRIKAS BERÜHMTESTER HOLLYWOOD-EXPORT:
CHARLIZE THERON

Arnold Vosloo ("Die Mumie") sieht das natürlich anders …

BILTONG

Der beliebteste Snack. Vor wenigen Jahren schrieb eine Studentin der Uni Stellenbosch sogar ihre Doktorarbeit über das Trockenfleisch

330 JAHRE

SO ALT IST GROOT CONSTANTIA, SÜDAFRIKAS ÄLTESTES WEINGUT

SÜDAFRIKA VERSTEHEN

UNMENSCHLICHE FARBENLEHRE

Eish! Dieser Zulu-Begriff steht für alles, was verdammt schlecht gelaufen, höchst ärgerlich und traurig ist, und passt hervorragend, um die Apartheid in ein Wort zu packen. Kaum war in Europa der Zweite Weltkrieg zu Ende, hatte die Buren-Regierung in Südafrika nichts Besseres zu tun, als Weiß und Schwarz gesetzlich voneinander zu trennen. Grob drei Viertel der Bevölkerung mussten irgendwo dicht gedrängt auf dem Land in sogenannten *Bantustans* oder *Homelands* leben, durften nicht auf die gleichen Schulen gehen, noch nicht mal die gleiche Parkbank benutzen und auch keinerlei Beziehungen mit Weißen haben. Wo es nur Menschen gibt, sah der Apartheidstaat vier Kategorien: weiß, asiatisch, *coloured* und schwarz – je dunkler, desto weniger Rechte. Besonders perfide: der sogenannte „Stifttest" der Behörden. Blieb ein Stift beim Kopfschütteln im Haar stecken, galt die Person als schwarz, fiel er raus, hieß es: *coloured!* Wenn der Stift überhaupt nicht im Haar hielt, war die Person weiß. So wurden selbst Familien auseinandergerissen. Das Unrechtssystem steckt Südafrika nach wie vor tief in den Knochen, und Rassismusdebatten sind ein Minenfeld, auf das man sich als Gast und Besucher nur mit sehr viel Wissen gewappnet begeben sollte.

NELSON MANDELA

Er war das Gesicht Südafrikas – heiß geliebt, hoch verehrt und tief betrauert. Als Nelson Rolihlahla Mandela am 5. Dezember 2013 starb, war die Regenbogennation für eine Weile Wirklichkeit. Die unterschiedlichsten Menschen lagen sich weinend in den Armen, an jeder Bushaltestelle wurde gesungen, und in der Luft lag Entschlossenheit, es ihm zu Ehren in Zukunft besser zu machen. 27 Jahre hatte Mandela, dessen Clan-Name Madiba zur Koseform wurde, für diesen Zusammenhalt im Gefängnis gesessen. Seine übermenschliche Gabe zu verzeihen und sein großes Charisma haben Südafrika davor bewahrt, im Bürgerkrieg zu versinken, während das Unrechtssystem zur Demokratie wurde. 1990 kam er frei, 1993 erhielt er zusammen mit dem letzten weißen Präsidenten des Landes, Frederik Willem de Klerk, den Friedensnobelpreis, und 1994 wurde er Präsident.

ROOIBOS

Wenn Annette und Chris du Plessis ihre Gäste in ein Safariauto packen, darf das Fernglas ruhig im Zimmer bleiben. Bei ihren Touren braucht man eher eine Lupe – um sich die Blätter der Rotbuschpflanze genauestens anzusehen, während Chris erzählt, was der auf Afrikaans *Rooibos* genannte Busch so drauf hat: kein Koffein, wenig Tannine, viel Antioxidantien, Eisen und Zink satt. Rooibostee ist damit das ultimative Gesundgebräu und auch noch so lecker, dass man nur hoffen kann, dass nicht bald die ganze Welt davon weiß. Sonst könnte es eng werden mit dem Nachschub. Der Rotbusch wächst nämlich nur in den Cederbergen und ist Teil der Fynbos-Pflanzenfamilie – so wird die einzigartige Vegetation am Westkap genannt.

INSIDER-TIPP
Auf Teesafari

Das und noch viel mehr lässt sich auf der Teefarm von Annette und Chris du Plessis lernen; sie bieten auch Touren durchs Rooiboswunderland (*elandsberg.co.za*).

Die ersten, die das aromatische Kraut irgendwann zu Tee machten, waren die Khoisan. Heute gibt es so viele gut riechende und gesunde Rotbuschprodukte, dass es nach einem Besuch in Clanwilliam durchaus eng werden könnte im Kofferraum: Lotionen, Duschgels, Seifen, Limonaden, Rezeptbücher … Und für alle koffeinbewussten Heißgetränkjunkies den *Red Cappuccino,* den Hipster unter den Rooibostees.

DIAMANTEN

Wenn ein Schatzsucher zur Arbeit geht, streift er sich einen Neoprenanzug über, schnappt sich den Unterwasserstaubsauger und fährt raus aufs Meer. So ähnlich machen es zumindest die Diamantentaucher von Port Nolloth. Der Küstenort weit oben im Nordwesten vor der namibischen Grenze ist recht glanzlos, aber unter der Meeresoberfläche liegt ein Vermögen: Diamanten, von der Strömung über Jahrmillionen in das Atlantikbecken getragen, das vor Port Nolloth liegt. „Konfliktfreie" Diamanten quasi und deswegen umso begehrter. Unternehmen können Tauchgenehmigungen für das Gebiet

Der Verehrung für Mandela kann man auch mit Autoschmuck Ausdruck verleihen

kaufen, die Diamantentaucher gehen dann mit einem Sauger ans Werk und bringen Sand und Steine nach oben. Alle Diamanten, die hier gefunden werden, müssen bei einer staatlich kontrollierten Abnahmestelle abgeliefert werden. Es gibt fixe Preise für die Steine, Diebstahl wird bestraft. Neuerdings kommen auch Touristen ins Spiel, allerdings nur die, die hart im Nehmen sind – das Meer am Benguelastrom ist eine gigantische Waschmaschine im Schleudergang – und das nötige Kleingeld mitbringen. Ab 16 000 US-Dollar kann man mit nach unten schwimmen.

WILD THING

Was haben Löwe, Leopard, Elefant, Nashorn und Büffel gemeinsam? Sie stehen auf jeder Abschussliste von Naturfreunden. Auf der Foto-Abschussliste natürlich! Denn Shots von den *Big Five* zeigt jeder gerne zu Hause rum. Gelegenheiten zum virtuellen (und manchmal auch realen) Abschuss gibt es dank der vielen staatlichen und privaten Parks genug, entweder bequem aus dem eigenen Auto heraus – Aussteigen natürlich strengstens verboten! – oder mit einem Ranger, dessen Luchsaugen noch das kleinste Gazellen-Bürzel hinter einem Strauch entdecken. Die beste Tageszeit für die sogenannten *Game Drives* ist frühmorgens oder zum Sundowner. Die privaten Lodges bepacken ihre offenen Geländewagen dafür mit Snacks und Getränken. Naturschutz ist teuer, daher sind die privaten Parks in

Kleines Gerangel unter Freunden: Elefanten im Sabie Sands Game Reserve

der Regel luxuriöser ausgestattet, um die hohen Preise zu rechtfertigen. Der Schutz der Natur ist übrigens sogar in der südafrikanischen Verfassung verankert, so wichtig ist er dem Land. Und er ist grenzüberschreitend: die *Transfrontier Parks* beinhalten auch Teile von Namibia, Simbabwe und Mosambik.

CRASHKURS KOMMUNIKATION

Mlungu – zu Deutsch: weißer Mann/weiße Frau. Das ist eins der Worte, die bei Roadtrips über Land garantiert fallen. Da möchte man doch gern cool mit einem *Yebo!* reagieren können, dem freundlichen Bestätigungsausruf auf Zulu. Noch mehr Insider-Vokabeln? Yebo, aber gern doch! Mit *Howzit?* erkundet man sich nach dem werten Befinden. Sagt der Kellner, er komme *now,* kann es noch Stunden dauern. Bei *now now* sind die Chancen etwas größer, bei *just now* – Jackpot! Findet der Afrikaans-Sprecher etwas großartig, ist es *lekker*. Bei Touren durchs Township gehört ein *Sharp!* an allen Ecken dazu, wo die Bewohner grüßen und den Daumen hochhalten. *Eish!* dagegen ist z. B. angebracht, wenn der Reifen platt oder der Flieger verpasst ist. *Mzanzi* steht für Südafrika. Und wenn es bei einer Wegbeschreibung vor *Robots* wimmelt, nicht erschrecken. So technologisiert ist Südafrika nicht. Gemeint ist die gute alte Ampel.

AUGEN AUF!

Die goldene Sicherheitsregel im berüchtigten Südafrika lautet „Just don't be stupid", einfach nicht doof anstel-

KLISCHEE KISTE

365 TAGE SOMMER

Ewiger Sommer? Von wegen! Nur die wenigsten Touristen bekommen es mit, aber auch an Afrikas Südzipfel gibt es ihn, den Winter! Zwischen Juni und August gehen die Temperaturen stellenweise schon mal in den Minusbereich. Davon zeugen die beiden Skiresorts Tiffindell (Ostkap) und Afriski (Lesotho). Selbst Barack Obama musste bei einer Rede in Johannesburg durchfroren gestehen: „Ich habe meinen Mantel vergessen."

FASTFOOD-NATION

Natürlich gibt es auch in Afrikas florierendster Wirtschaftsmacht leere Mägen, geschuldet der weit verbreiteten Armut. Doch Fehlernährung hat hier immer häufiger eine unerwartete Gestalt: Fettleibigkeit. Daran sind neben fehlendem Bewusstsein billiges Fastfood und industriell gefertigte Lebensmittel schuld. Eine Avocado kostet am Kap mehr als ein Burgermenü!

ÜBERMUT AM TAFELBERG

Ein netter, kleiner Aussichtshügel – so sehen viele Wanderer den Tafelberg. Aber den Eintausender sollte man nicht unterschätzen! Das Kapwetter bestrafte schon so manchen unvorbereiteten Bergtouristen, immer wieder müssen Helikopter Rettungseinsätze fliegen.

len. Entgegen den Schreckensgeschichten, die immer mindestens ein Bekannter von einem Freund irgendwann irgendwo erlebt haben will, schafft man es ganz gut, einen Urlaub oder längeren Aufenthalt zu überleben. Solange man sich immer bewusst ist, dass eine riesige Kluft zwischen Arm und Reich klafft und viele Kriminelle ihr Glück versuchen, weil sie schlicht und einfach nichts zu verlieren haben. Knöpfchen der Autotüren runter in den Städten, wertvollen Schmuck und elektronische Devices im Hotel lassen bzw. möglichst unauffällig tragen und dort spazierengehen, wo viele Menschen sind – diese Regeln gelten genauso wie in vielen anderen Ländern. Empfehlenswert: sich am Geldautomaten NIE von Fremden helfen lassen, egal wie verwirrend die Situation erscheint. Die Handtasche hat auf dem Beifahrersitz nichts zu suchen! Und in den Großstädten wie Kapstadt und Johannesburg vielleicht lieber nochmal eine Runde um den Block bzw. zu einer Tankstelle oder Polizeistation fahren, falls einem ein anderes Auto länger folgt.

SELBSTHILFE MIT „UBUNTU"

Sie ist nicht zu übersehen – Armut ist ein Teil des Alltags in Südafrika. Das liegt einerseits an den Ungerechtigkeiten der Vergangenheit, aber auch daran, dass es aktuell viel zu wenig Jobs gibt. Die Arbeitslosenquote liegt offiziell bei rund 30 Prozent, aber besucht man mal ein Township (das auch die Einheimischen übrigens so nennen), weiß gefühlt jeder zweite nicht, wovon er die Familie morgen ernähren soll. Touristen sollten jetzt aber nicht mit Geldscheinen um sich werfen! Viel nachhaltiger ist es, sich z. B. eines der vielen Hilfsprojekte im Land auszusuchen, zu besuchen und langfristig zu unterstützen. Oder seine Mitbringsel von Straßenhändlern zu kaufen und diese so zu unterstützen. Auch die Bettler auf den Straßen freuen sich in der Regel mehr über ein Sandwich oder Secondhand-Kleidung als über ein paar Münzen.

Ein sehr schönes, traditionelles, wenn auch nicht unproblematisches Konzept innerhalb der schwarzen Communities ist „Ubuntu": Jeder hilft seinem Nächsten mit Zuwendung, Zeit, Geld und Arbeitskraft. So bringt eine Gemeinschaft selbst ihre Ärmsten mit durch. Allerdings sind heute vor allem die jungen Besserverdiener nicht mehr ganz so überzeugt davon, wenn dieser Zusammenhalt vor allem finanziell verstanden wird und das eigene Gehalt mit der ganzen Großfamilie geteilt werden muss. *Black Tax*, also „Schwarzensteuer", nennen das die Soziologen.

DIE WOLLEN DOCH NUR SPIELEN ...

Lass dich anschauen, und ich sage dir, welchen Sport du magst! Klingt wie ein ziemlich platter Anmachspruch, trägt aber viel Wahres in sich. Nelson Mandela streifte sich bei der Rugby-WM 1995 nicht ohne Grund ein Trikot des südafrikanischen Nationalteams, der Springboks, über und jubelte es zum Sieg. Es war eine Versöhnungsgeste, die damals um die Welt ging, weil Rugby traditionell der Sport

Es ist angerichtet im Stadion von Kapstadt: Fehlen nur noch die Rugbyspieler

der Weißen ist, der Buren und der Briten also. Und die Apartheid hat auch hier ganze Arbeit geleistet, denn weil die Rassentrennung es über Jahrzehnte verhindert hat, dass schwarze Rugby-Talente gefördert wurden, sind die Spieler bis heute alle ähnlich blass geblieben.

Beim Fußball ist es genau umgekehrt – hier hat die Masse der Spieler und Fans dunkle Haut. Gemischte Mannschaften waren während der Apartheid verboten, und so wurde Fußball zum Sport der Schwarzen, die Turniere in den Townships legendär. Selbst wenn die Nationalmannschaft *(Bafana Bafana)* eine eher katastrophale Erfolgsquote aufweist: Die Leute lieben sie und blasen die Kickerhelden mit den unvermeidlichen ohrenbetäubend lauten Vuvuzelas in Richtung Tor und zum Sieg. Ein Happening, das man als sportinteressierter Tourist unbedingt auf die To-Do-Liste packen sollte: eines der Soweto-Derbys Orlando Pirates vs. Kaizer Chiefs.

Ach ja, und die südafrikanischen Inder? Da wäre ja noch das bei ihnen sehr beliebte Cricket. Für Mitteleuropäer ein eher befremdliches Konzept mit undurchdringlichem Regelwerk und Matches, die über mehrere Tage gehen können. Allerdings optisch durchaus ansprechend: Alle Spieler stehen in elegantem Weiß auf dunkelgrünem Rasen und schlagen bzw. werfen stundenlang Bälle ab, um möglichst viele Punkte zu holen – sehr sehr simpel gesagt. Wissen zum Angeben: das Nationalteam heißt *Proteas,* benannt nach der Nationalblume Südafrikas.

ESSEN SHOPPEN SPORT

Verkaufsstand auf dem Greenmarket Square in Kapstadt

ESSEN & TRINKEN

Was fürs Land gilt, gilt auch für die Küche: Sie lässt sich nicht in einen Satz packen. Wäre ja auch zu langweilig, es gibt schließlich esslöffelweise gute Gründe dafür, warum Südafrika zum Gourmetmekka geworden ist.

VIELE KÖCHE ...

Je nach Region, Kultur und Ethnie gibt es andere Spezialitäten, deren Portionsgrößen meist überwältigend sind. Am Kap ist der Einfluss der Malaien besonders in den Eintöpfen nachzuschmecken, den *potjies* (gesprochen: *Poikies*). In Natal bestellt man scharfe Seafood-Currys oder würzt mit Chutney. Zum Braai einzuladen ist am Wochenende fast schon Nationalsport. Gegrillt werden dabei die *Boerewors* genannten Bratwürste und Rindersteaks, deren Beschaffenheit wiederum von der grillenden Bevölkerung abhängt. Dick geschnitten und *medium rare* gibt's sie bei der weißen Oberschicht, die meisten dunkelhäutigen Familien bevorzugen es dünn und *well done*. Beides ist köstlich. Standardbeilagen sind Spinat, Kürbis und *Pap*, ein Maisbrei, der nach kaum etwas schmeckt, aber satt macht.

FISH AND MORE

Fisch ist auch im Inland kein Ding, mit paniertem *Hake & Chips* kann man kaum danebengreifen. Mehr Spaß auf dem Teller machen die Meerestierchen natürlich an den Küsten, der *Line Fish* ist das jeweils tagesfrische Angebot. Köstlich: der *Kingklip* mit festem, weißem Fleisch. Und selbst nach dem Genuss von Austern und Hummer – in Südafrika der Crayfish – ist der Geldbeutel nicht komplett leergeräubert. Und was machen die Vegetarier? Die halten sich an die großen Städte, in denen ein vegetarisches oder veganes Restaurant nach dem anderen

Samoosas (li.) und Biltong (re.)

aufploppt. Oder man lebt von Beilagen: Obst und Gemüse sind saftig, sonnengereift und nicht teuer. Lecker: die als *Grenadillas* bezeichneten Maracujas und Mangos. Auch in Avocados schmeckt man die Extraportion Sonne. Top-Mitbringsel: *Gooseberry*-Marmelade aus Physalis (Kap-Stachelbeere).

INSIDER-TIPP
Exotische Früchtchen

ZUM RUNTERSPÜLEN

Leitungswasser ist fast überall sauber und trinkbar. Fragen schadet trotzdem nie. Mineralwasser in Flaschen gibt's in jedem Restaurant. Große Auswahl gibt es bei *cold drinks,* also bei dem, was an gekühlten Limonaden im Regal steht. Seit der Einführung einer Zuckersteuer sind die meisten Getränke auch als Light-Produkte erhältlich. Besonders empfehlenswert: Eiskaltes Ingwerbier. Auch das echte Bier ist meist eisig. Während der Favorit an den Bars früher Brandy/Cola war, bildet sich jetzt eine neue Szene um handgemachte Getränke: Craft Beer und Craft Liquor wie Gin, Rum, Wodka und Whisky.

Das Ende der Apartheid hat auch die Weinindustrie gepusht. Obwohl in Südafrika seit 300 Jahren Wein angebaut wird, kam der Durchbruch erst in den 2000ern. Das Angebot im deutschen Supermarkt ist nur ein müder Seufzer im Vergleich zum Weinwunderland am Westkap. Die Weinrouten von Constantia, Franschhoek, Stellenbosch, um Hermanus und das Robertson Valley sind eine ‚Freude; mehr als drei Weinproben pro Tag überfordern aber die Geschmacksnerven. Weingut-Empfehlungen: Constantia Glen, La Motte, Holden Manz, Jordan, Hamilton Russell, Springfield, Tokara.

Kaffee ist mal so, mal so. Einerseits überschwemmt der Boom das Land mit aromatischem Brühgenuss; Kaf-

Das Herkunftsland Südafrika gilt bei Wein längst als Gütesiegel

feehausketten wie *Mug & Beans* werden bei der wachsenden Mittelschicht immer beliebter. Andererseits findet sich auf ländlichen Frühstückstischen immer noch oft nur Instantkaffee. Der ist im Idealfall pur, meist jedoch mit Traubenzucker, Malz und Zichorie gestreckt. Hier hat der Rooibostee seine Nische gefunden (s. S. 18). Überhaupt ist Südafrika mehr Tee- als Kaffeenation. Egal welches Heißgetränk – morgens oder abends beim Fernsehen liebt es der Südafrikaner, seinen *Rusk* darin einzutauchen. Dabei handelt es sich um staubtrockene Kekse, die eingeweicht essbar und lecker werden. Erfunden wurden sie (Lieblingsmarke „Ouma") von den weißen Siedlern, die ihr süßes Brot haltbar machen wollten. Das gilt auch für Biltong. Um länger etwas davon zu haben, schnitten Buren ihr Fleisch in Streifen, würzten es mit Salz und Kräutern und trockneten es. Heute ist das Dörrfleisch der beliebteste Snack des Landes.

GASTROVIELFALT

Generall hat sich die Gastronomie in Südafrika seit der Jahrtausendwende neu erfunden. Die Auswahl an Restaurants und Bistros in den Städten ist irre, ständig kommen neue Food-Konzepte dazu. Und das Beste: Alles ist für Europäer sehr erschwinglich. Südafrika hat keine Sterne-Kategorien wie in Europa – gäbe es sie, wäre hier die Milchstraße. Der Tourist muss sich wohl oder übel durchprobieren. Zusätzliche Kilos bei der Rückkehr sind garantiert, die Loblieder auf das „Kulinarien" der Südhalbkugel allerdings auch. Achtung, manche Restaurants haben keine Schanklizenz, verlangen dann aber nur eine geringe *corkage fee* für mitgebrachten Alkohol! Die beste Zeit für Lunch ist 12–14.30 Uhr, zum Dinner geht man 18.30–21 Uhr. Für Nordeuropäer gewöhnungsbedürftig: Die Südafrikaner leben mit dem Sonnenlicht, morgens um fünf ist Rush Hour im Fitnessstudio, dafür leeren sich die Lokale schlagartig schon um 22 Uhr. Rechtzeitig reservieren ist wichtig! Und sonntag- bzw. montagabends haben viele Restaurants geschlossen. Den besten Überblick liefert die Food-Bibel *Eat Out*. Als Druckausgabe am Flughafen kaufen oder online unter *eatout.co.za.*

Unsere Empfehlung heute

Vorspeisen

SAMOOSAS
Dreieckige Blätterteigtaschen mit Gemüse- oder Fleischfüllung

BILTONG
Luftgetrocknetes und gesalzenes Filet vom Rind oder Wild; serviert in dünnen Scheiben

FISH CAKES
Frikadellen aus Kap-Seehecht, Kräutern und Teig – beliebte Vorspeise im Seafood-Restaurant

Hauptgerichte

BOBOTIE
Auflauf aus Hackfleisch, gewürzt mit Curry und Aprikosen; Safranreis als Beilage

BUNNY CHOW
Mit Curry gefüllter Toastbrotlaib aus Durban

BOEREWORS MIT PAP
Spiralförmige Grillwurst mit einzigartiger Gewürzmischung; dazu gibt's Maisbrei

CRAYFISH
Kleine Hummerart, die am Kap gefangen wird

Desserts

MALVA PUDDING
Kuchen mit karamellisierter Aprikosenkonfitüre, serviert mit Eis oder Vanillesauce

KOEKSISTERS
In Öl ausgebackene und in Sirup getauchte Teigspirale

PAMPOENTERT
Klebrig-durchtränkter Kürbiskuchen

Getränke

PINOTAGE
Südafrikas Nationalwein, dessen Traube 1925 in Stellenbosch gezüchtet wurde

STONEY
Alkoholfreie Ingwerbier-Limonade

CASTLE LAGER
Südafrikas Nationalbier

AMARULA
Likör aus der Frucht des Marula-Baums (fruchtige Karamellnote)

SHOPPEN & STÖBERN

Jeder, der seinen Koffer bei der Anreise zu voll gepackt hat, wird es spätestens nach der ersten Reisewoche bitter bereuen. Mitbringsel aus Südafrika sind kunstvoll, hip und nicht teuer. Ob Klamotten mit Afroprints, Design-Accessoires, hand-gemachter Schmuck oder traditionelles Kunsthandwerk – sie werfen sich einem auf den Märkten und in den Malls geradezu entgegen. Da kann man schon mal einen Tag hängenbleiben …

Wenn das Kunsthandwerk im echten Kunst-Preissegment gelandet ist (z. B. bei Bronzefiguren) sollte man Rat von Fachhändlern suchen. Ansonsten, immer rein ins Handelsvergnügen. Zulu und Xhosa z. B. schicken als Liebesbriefe kleine Perlenteppiche, die an Sicherheitsnadeln hängen. Typisch für die Xhosa sind bestickte Kleider und Taschen. Die Ndebele wiederum sind berühmt für ihre Lendenschurze aus Tierhaut und die bunten Fruchtbarkeitspuppen.

KULTUR STATT KITSCH

Holzfiguren sind ein Klassiker, unbestritten. Und so eine mannshohe Giraffe im Wohnzimmer macht immer gut was her. Genauso wie der Wandteppich. Aber beim Kauf gilt die eiserne Regel: zweimal hinschauen und den inneren Basarkönig auspacken. Viele der Arbeiten kommen aus Massenwerkstätten.

TRENDIGE HÄUTE

Wie auch beim Schmuck kostet die Handarbeit rund um die Lederverarbeitung weniger als in Europa, und damit wird auch das Endprodukt billiger. Taschen, Geldbeutel, Tablet-Hüllen in witzigen Farben und Top-Qualität gibt es u. a. bei Manufakturen rund um das Viertel Woodstock in Kapstadt. Wer ein Stück Afrika mit nach Hause

Drahtschüsseln aus Telefonkabeln und Recycling-Radio

nehmen möchte, setzt auf Taschen und Polsterüberzüge aus Straußenleder. Aber das kaufst du am besten in Fachgeschäften, das schützt vor Fälschungen.

AFRIKANISCHE RHYTHMEN AUS KRONKORKEN

Sie ist so einfallsreich wie hoffnungslos improvisiert: Township-Kunst. Bei einer Führung durch Südafrikas Armenviertel oder auch auf Märkten wie dem *Pan African Market* in Kapstadt schafft man es selten an Selbstgebasteltem vorbei: ein Deko-Elefant aus einer Cola-Dose, eine Handtasche aus Schallplatten oder – ebenfalls ein Klassiker: das Radio bestehend aus dem Empfänger und einer Hülle aus Draht und Kronkorken. Zu Hause trällert Helene Fischer dann aus dem Township-Radio …

INSIDER-TIPP
Aus Müll wird Kunst

GLITZERNDES FÜR GROSSE UND KLEINE GELDBEUTEL

Gold und Diamanten kosten überall gleich viel. Aber die Goldschmiedearbeit ist in Südafrika viel günstiger, daher lohnt sich ein Abstecher zum Juwelier. Bei schmalerem Budget sind die Juweliere im *Oriental Plaza* des indisch geprägten Johannesburger Stadtteils Fordsburg ein Geheimtipp.

KAP DER GUTEN TROPFEN

Wein zu kaufen macht in Südafrika großen Spaß. Viele Wine Estates liefern auch ins Ausland – was wichtig ist, da bei der Wiedereinreise in EU-Staaten nur vier Liter (nicht schäumender) Wein pro Person erlaubt sind. Spitzenweine kosten 15–20 Euro pro Flasche, aber schon ab 5 Euro bekommt man tolle Tropfen. Die rote Sorte Pinotage gibt es übrigens nur in Südafrika, die Traube ist eine Kreuzung aus Pinot Noir und Cinsault.

SPORT

Ewiger Sommer. Na ja, gut, zumindest ein seeehr langer Sommer. Und nur ein kurzer Winter, der aber teils auch sonnig und trocken ist. Wer da zu Hause bleibt, ist selbst schuld. Südafrikaner lieben Sport – aktiv wie passiv. Bezeichnend: im Fitnessstudio herrscht morgens um fünf das größte Gedränge.

BALLOONING

Wie Aufzug fahren mit sehr viel mehr Blick. Die ruhige Art des Abenteuers erfordert Sportlichkeit nur beim In-den-Korb-Klettern. *Bill Harrop's Original Balloon Safari (Tel. 01 17 05 32 01 | balloon.co.za)* bietet ab 2050 Rand Flüge über die Magalies-Berge nördlich von Johannesburg und die luftige Variante von Game Drives über privaten Wildreservaten. *Suncatchers (Tel. 08 78 06 20 79 | suncatchers.co.za)* bietet das in Mpumalanga, in der Nähe der Drakensberge.

BUNGEEJUMPING

Drei, zwei, eins! Von der Bloukrans Bridge in der Nähe von Plettenberg Bay geht es den tiefsten Bungeesprung der Welt hinunter *(Tel. 04 22 81 14 58 | faceadrenalin.com)*. Etwas mehr Streetstyle gibt es auf den Graffiti-besprühten Orlando Towers in Soweto *(Tel. 07 16 74 43 43 | sowetotowers.co.za)*. Toll ist auch der Sprung vom Bogen des Moses-Mabhida-Stadions in Durban, obwohl das technisch gesehen eher ein Schwung ist *(Tel. 03 13 12 94 35 | bigrush.co.za)*.

FAHRRAD FAHREN

Alltagsradeln in den Städten? Doch lieber nicht ... Außer man hat gute Nerven und ist mit allen Wassern gewaschen. Denn Autofahrer rechnen selten mit zweirädriger Konkurrenz, und Radwege kommen erst langsam in Mode – mit der Ausnahme von Kapstadt: Rennradler gehören hier inzwi-

Mountainbiker auf Bergpiste

schen dazu; viele internationale Profis verbringen die Wintermonate hier. Einmal im Jahr sind sogar die Autos in der Minderheit, wenn bei der *Cape Town Cycle Tour,* dem größten Jedermannrennen der Welt, Zehntausende Radler das Kap umrunden *(cape towncycletour.com).* Räder und Tourangebote gibt's z. B. bei *AWOL Tours (Tel. 02 14 18 38 03 | awoltours.co.za).* Mehr vom Meer sieht man bei Touren entlang der Garden Route. Auskunft: *African Bikers (Tel. 02 14 88 30 00 | af ricanbikers.de).*

GOLF

Golf ist weit mehr Volkssport als in Europa, wenn auch, geschichtlich bedingt, weiß dominiert. Greenfees sind nicht hoch, und so ist es völlig normal, dass z. B. ein Farmer abends noch schnell zum nächsten Golfplatz fährt. Es gibt Hunderte von Plätzen, meist in Landschaften, die jede Fototapete erblassen lassen. Bei *South African Tourism* (s. S. 139) gibt's die Broschüre „Golf in Südafrika". Für Kurzentschlossene gibt es die Website *lastminute golf.co.za*.

KITESURFING

Als wenn Windsurfen nicht schon schwer genug wäre ... Durch verbesserte Ausrüstung ist Kitesurfing zumindest nicht mehr so gefährlich. In Kapstadt sind der Strand von Blouberg oder die Lagune in Langebaan ideal (*kitelab.co.za* oder *constantlyki ting.com*). In Port Elizabeth: *swingkite boarding.com*. Am Strand in Durban liegt die Kite-Schule *Ocean to Air (Tel.03 15 62 88 86 | ocean2air.co.za).*

KLOOFING

Badehose, Bergschuhe, Helm und Sonnenschutz: Das ist die Ausrüstung fürs Kloofing. Ok, Gurt und Seil helfen auch, wenn man daraus nicht Abstür-

zing machen will. Es geht über Schluchten und Sprungfelsen, Wasserfälle runter und Flussläufe rauf. Der Favorit unter den Kloofs, wie Schluchten auf Afrikaans heißen, ist der Kamikaze Kanyon. *Abseilafrica* in Kapstadts Long Street bietet Tagestouren an *(abseilafrica.co.za)*, etwa den Tafelberg hinunter. Kloofing in den Drakensbergen am besten über *Four Rivers Raftinig & Adventures (fourriversadventures.co.za)*.

MOUNTAINBIKING

Das geht überall in Südafrika. Jede Provinz hat ihre eigenen Hotspots, selbst in den Großstädten gibt's anspruchsvolle Routen, und je weiter man ins Landesinnere kommt, desto mehr fühlt man sich wie ein moderner Voortrekker. Spektakulär: mit dem Mountainbike die Drakensberge erobern *(alloutadventures.co.za)*.

RAFTING

Ein Sport, für den man mehr Zeit einplanen sollte. Am besten mindestens zwei Tage. Schließlich geht es im Kajak oder im Zweisitzer-Raftingboot den Orange River, Südafrikas längsten Fluss, hinab. Im Sommer kann es bei der geführten Tour durch das Richtersveld ganz schön heiß werden, doch das Erlebnis entschädigt: Unter schroffen Berghängen geht's vorbei an Farmen, durch bunte Felswüsten und Schilfwälder. Die relativ günstige Tour dauert, je nach gebuchtem Paket, zwei, drei oder vier Tage und beinhaltet eine Wanderung durch die Wüste, Mahlzeiten und Übernachtungen. Geschlafen wird bei kürzeren Touren im Hauptcamp, bei längeren Ausflügen im selbst hochgezogenen Zeltlager mitten im Busch. Kein Luxus, aber ein seltenes Sporterlebnis. Das Mindestalter ist 6 Jahre; Vorkenntnisse sind nicht nötig *(Umkulu Safari and Canoe Trails | Tel. 027 761 80 07 | orangeriverrafting.com)*.

SANDBOARDING

Wer nicht selbst in die Pedale treten, sondern lieber auf Brettern die Piste hinabflitzen will: Das geht auch. Und zwar – ganz afrikanisch – in den Sanddünen vor den Toren Kapstadts. Wer bei *Downhill Adventures (downhilladventures.com | Tel. 021 422 03 88)* bucht, wird per Shuttle aus der Stadt abgeholt. Zusätzliches Plus: Es braucht kein Vorwissen, selbst Kinder (ab acht Jahren) können schon aufs Brett.

SKIFAHREN

Falsch gebucht und im südafrikanischen Winter gelandet? Was ist denn da passiert?! Zumindest kann man sich mit einer Erfahrung entschädigen, die wohl die wenigsten bislang gemacht haben: Skifahren in Afrika. Im südlichen Afrika gibt es gleich zwei Resorts: *Tiffindell (tiffindell.co.za)* in der Provinz Ostkap und *Afriski (afriski.net)* jenseits der Grenze in Lesotho. Beide verleihen natürlich auch Snowboards und Skier. Welcher Afrikaner hat schon Ski-Equipment zu Hause rumstehen ...

SURFEN

Es gibt weltweit nur ein paar Orte, wo der ungekämmte Salzwasserlook sexy wirkt. Südafrika ist einer davon. Die

Nervenkitzel für Abenteuerlustige: Tauchen mit Haien

fantastischen bis einschüchternden Wellen am Atlantik und Indischen Ozean sind ein Brett für Surfer. Die Härtesten versuchen sich an den Dungeons in Hout Bay, die mehr am Leben Hängenden fahren nach Jeffrey's Bay am Indischen Ozean und posen für die Anfänger der *Jeffrey's Bay Surf School (Tel. 08 23 24 72 84 | jbaysurf school.co.za)*. In Kapstadt gehört ein Tagestrip an den Strand von Muizenberg dazu, Surfequipment verleihen dort fast alle Läden, z. B. der *lifestyle surfshop.co.za*.

TAUCHEN

„Der weiße Hai" hat's vermasselt – wer die Filme kennt, kann sich kaum vorstellen, dass wir Menschen eine viel größere Gefahr für die Tiere sind als umgekehrt. Aus einem Käfig heraus kann man Südafrikas Haien in die Augen schauen – für 2200 Rand. Vernünftige Touranbieter sorgen dafür, dass die Tiere durch die Tauchgänge nicht verstört werden. In Gansbaai sind das z.B. *Marine Dynamics Shark Tours (Tel. 07 99 30 96 94 | sharkwatch sa.com)*. Wer lieber haifrei taucht: Das geht besonders gut in der *Sodwana Bay* nahe der Grenze zu Mosambik. Das Gebiet ist Schutzzone, und das Wasser ist nicht so kalt wie z. B. in der False Bay vor Kapstadt. Ausrüstung und Kurse bietet *Coral Divers (Tel. 03 55 71 02 90 | coraldivers.co.za)*. Das Riff *Aliwal Shoal* unterhalb von Durban war einst eine Düne und erlaubt Tauchgänge bis in 37 m Tiefe *(aliwal shoalscubadiving.com)*.

INSIDER-TIPP
Bunter Korallenwald an der Ostküste

DIE REGIONEN IM ÜBERBLICK

Bei den Big Five ist die Nähe zu Johannesburg schnell vergessen
ZIMBABWE
Limpopo
BOTSWANA
Polokwane (Pietersburg)
MOÇAMBIQUE
NORDPROVINZEN S. 102
PRETORIA
Benoni
Soweto
Johannesburg
Klerksdorp
Vereeniging
eSWATINI
Vaal
Welkom
FREISTAAT S. 80
KWAZULU-NATAL S. 90
Bloemfontein
MASERU
LESOTHO
Durban
Mit Zulus tanzen und das beste Curry jenseits von Indien probieren
Bhisho
East London/ Oos-Londen
Port Elizabeth
INDIAN OCEAN
150 km
93 mi

KAPPROVINZEN

AN DER SCHÖNSTEN KÜSTE AFRIKAS

Hier ist alles groß, weit und wild – die Kapprovinzen umfassen mehr als die Hälfte der Landesfläche. Ein Roadtrip wie durch einen Fotoband: von der Kalahari-Wüste bis zu den Urwäldern an der Garden Route. Mittendrin liegt die riesige Karoo.

Eine der Hauptattraktionen des Kaps ist die berühmte ★ *Garden Route* entlang der Südküste, die von Mossel Bay bis zur Mündung des Storms River führt. Die Westküste der Kapprovinzen ist trockener und rauer als die „Gärten des Ostens". Im Landesinnern liegt das

Wildblumenwiese bei Langebaan

halbwüstenartige Namaqualand. Zwischen August und Oktober verwandelt Regen die trockene Landschaft in ein Meer aus blühenden Wildblumen. Weiter im Norden erstreckt sich die Kalahari-Wüste mit dem Kgalagadi Transfrontier National Park. Die dramatischen Augrabies-Wasserfälle sind eines der Naturwunder Südafrikas, besonders, wenn der Gariep River (Orange River) Hochwasser führt und die Wassermassen 56 m in die Tiefe stürzen. Die größte Stadt des Ostkaps ist Port Elizabeth.

KAPPROVINZEN

MARCO POLO HIGHLIGHTS

★ **GARDEN ROUTE**
Küstenroute am Indischen Ozean, die Daheimgebliebene grün werden lässt vor Neid ➤ S. 38

★ **BIG HOLE AND KIMBERLEY MINE MUSEUM**
Der Diamantenrausch hat weit mehr als nur ein riesiges Loch hinterlassen ➤ S. 57

★ **CANGO CAVES**
Seit 20 Mio. Jahren wachsen die Kalk-Kunstwerke in den Tropfsteinhöhlen ➤ S. 46

★ **PATERNOSTER**
Das Mittelmeer-Idyll vom Kap steht für köstlichen Fisch und Hummer ➤ S. 43

★ **KGALAGADI TRANSFRONTIER NATIONAL PARK**
Südafrikaner oder Botswaner? Nur hier kann man Wildtiere mit doppelter Staatsbürgerschaft beobachten ➤ S. 59

★ **WEST COAST NATIONAL PARK**
Das Feuchtbiotop ist wie eine große Voliere und wenn alles blüht, geht's auch am Boden bunt zu ➤ S. 42

★ **ADDO ELEPHANT NATIONAL PARK**
Mini-Elefanten in Aktion – der Süß-Faktor ist riesig ➤ S. 53

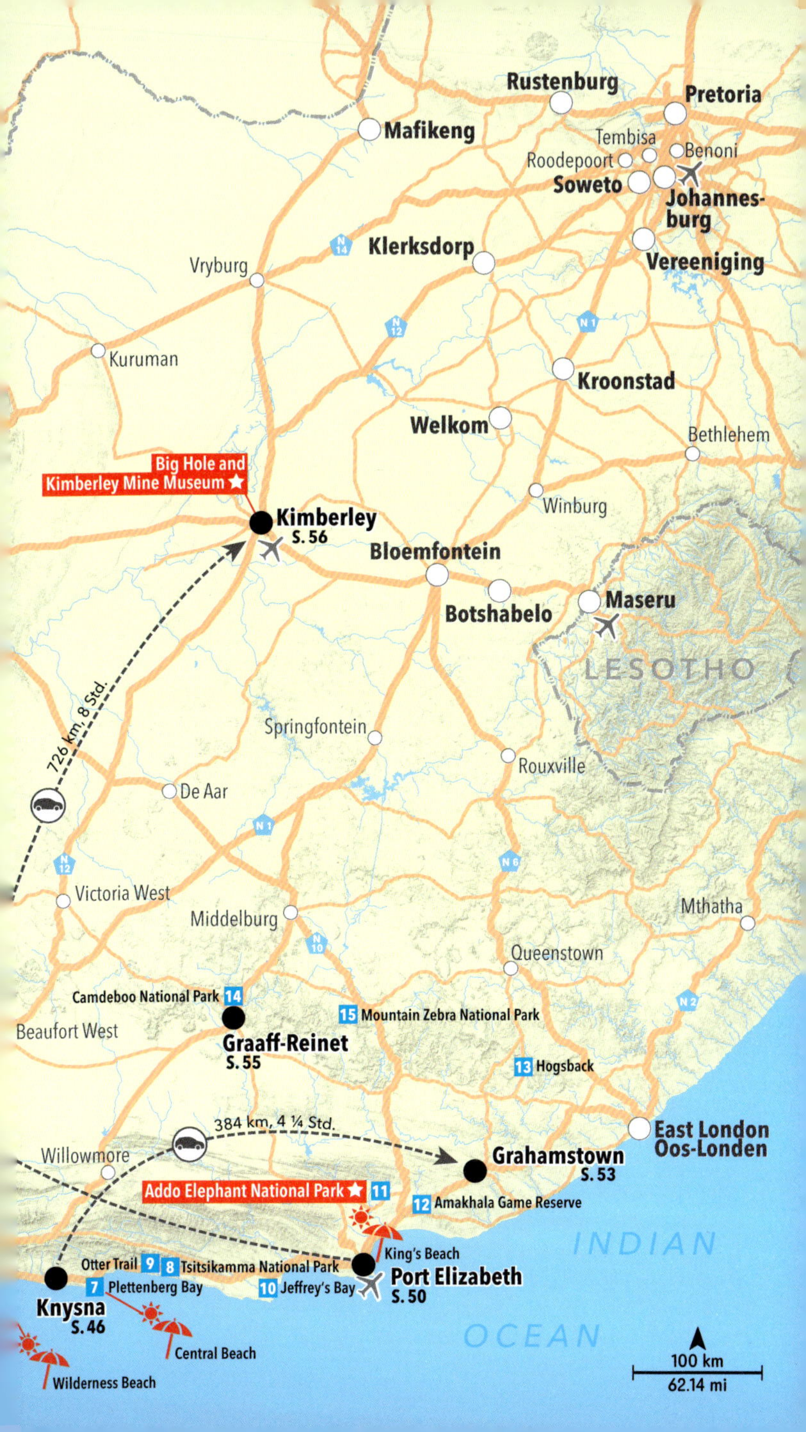

Rustenburg
Pretoria
Mafikeng
Tembisa
Benoni
Roodepoort
Soweto
Johannes-
burg
Klerksdorp
Vereeniging
Vryburg
N14
N12
N1
Kuruman
Kroonstad
Welkom
Bethlehem
Big Hole and
Kimberley Mine Museum
Winburg
Kimberley
S. 56
Bloemfontein
Botshabelo
Maseru
LESOTHO
726 km, 8 Std.
Springfontein
Rouxville
De Aar
N1
N6
N12
Victoria West
Middelburg
N10
Mthatha
Queenstown
N2
Camdeboo National Park 14
15 Mountain Zebra National Park
Beaufort West
Graaff-Reinet
S. 55
13 Hogsback
384 km, 4 ¼ Std.
East London
Oos-Londen
Willowmore
Grahamstown
S. 53
Addo Elephant National Park 11
12 Amakhala Game Reserve
INDIAN
King's Beach
Otter Trail 9
8 Tsitsikamma National Park
Port Elizabeth
S. 50
7 Plettenberg Bay
10 Jeffrey's Bay
Knysna
S. 46
OCEAN
Central Beach
Wilderness Beach
100 km
62.14 mi

Frischer geht's nicht: Fischer in Paternoster verkaufen ihren Fang direkt ab Boot

LANGEBAAN

(□ D7) **Vogelfreunde aufgepasst! Die Natur hat sich beim kleinen Ort Langebaan (8500 Ew.) eine Salzwasserlagune ausgedacht, in der gefiederte wie auch zweibeinige Reisende eine gute Zeit haben.**

Im Sommer leben hier bis zu 55 000 Vögel, u.a. Reiher, Ibisse, Austernfischer, Flamingos und Kormorane. Langebaan ist das Eingangstor zum *West Coast National Park* (Haupteingang südlich des Orts), aber auch Windsurfer, Kajakfahrer, Angler und Taucher schätzen Langebaan, nicht zuletzt wegen des warmen Wassers. Gut lässt sich hier Kitesurfen erlernen.

SIGHTSEEING

WEST COAST NATIONAL PARK ★

Der Nationalpark ist die Heimat der *Slow Five:* Schildkröte, Wal, Sandtigerhai, Stachelschwein, Kap-Strandgräber. Die spärliche Vegetation verwandelt sich von August bis Oktober in ein Blütenmeer. In der Hochzeit der *Wildflower Season* ist das Postberg-Reservat des Nationalparks geöffnet, das sonst gesperrt bleibt. Jetzt verwandelt sich der Hügel vor der Lagune in ein Meer aus Lila, Rot, Gelb, Orange. Es gibt eine Straße um die Lagune, Lehrpfade sowie Boots- und Vogelbeobachtungstouren. *Tgl. 7–19 Uhr | Eintritt 80–170 Rand | sanparks.org/parks/west_coast |* ⏲ *4 Std.*

INSIDER-TIPP
Bunte Pracht

ESSEN & TRINKEN

STRANDLOPER

Horden von Prawns aalen sich am Strand – über offenem Feuer. Und damit wird nur einer von zehn (!) Gängen bestückt. Unbedingt reservieren und vorsichtshalber den ganzen Tag einplanen, Spiele mitnehmen. Keine Kreditkarten! *Tel. 0227722490 | strandloper.com | €€*

RUND UM LANGEBAAN

1 PATERNOSTER ★

40 km von Langebaan / 35 Min. (Auto)

Vor dem netten Fischerort haben schon viele Schiffbrüchige ein Vaterunser gebetet. Für Besucher verheißt Paternoster vor allem eins: Entspannung in mediterranem Ambiente. Jeden Samstagmorgen (außer es regnet) gibt's einen kleinen Markt für Kunsthandwerk im Hafen. Mit Muschelketten geschmückt, sollte man anschließend eines der Hotelrestaurants entlang der St. Augustine Road besuchen. Morgens kannst du von hier aus den Fischern zusehen, wie sie ihre Boote zu Wasser lassen, mittags gibt's Prawns und Crayfish. Zu späterer Stunde: die Panty Bar im Paternoster Hotel. Die Drinks schlürft man hier unter einem Zelt aus Spitzenhöschen. Warum? Frag' den Barkeeper! D7

INSIDER-TIPP **Hängende Höschen**

2 BUFFELSFONTEIN

37 km von Langebaan / 30 Min. (Auto)

Nicht gerade der Kruger-Nationalpark, dafür nur einen Sprung von Kapstadt entfernt. Schon die Giraffen hinter dem Zaun entlang der Autobahn lassen auf die ein oder andere Begegnung mit Großwild hoffen. Büffel, Nashorn und Kudu gibt's bei einer geführten Tour im Geländewagen oder auf dem Fahrrad zu sehen. *Start 9 und 14 Uhr | 500 Rand/P. | buffelsfontein.co.za | 4 Std. | D7–8*

3 !KHWA TTU

50 km von Langebaan / 40 Min. (Auto)

Ein Zungenbrecher? Nicht für die San, die schon vor 24 000 Jahren im südlichen Afrika jagten und damit als ältestes Volk der Erde gelten. Beeindruckend: ihre mit Schnalzen und Klicken untermalte Sprache. Doch auch ihre Fähigkeit, Tiere aus Kilometern Entfernung zu erspähen, lässt jeden Safari-Guide vor Neid erblassen. In den letzten Jahrzehnten ist das Urvolk von Alkoholmissbrauch und Armut betroffen. In *!Khwa ttu* will es sein Erbe bewahren. *Geführte Buschtouren tgl. 9–17 Uhr | Rand/P. | Tel. 02 24 92 29 98 | khwattu.org | 2 Std. | D8*

GEORGE

(F8) **George, die Hauptstadt der Garden Route (200 000 Ew.), liegt am Fuß der Outeniqua-Berge – drumherum eine traumhaft schöne, parkähnliche Landschaft.**

Wer aus der Karoo kommt, muss über den Montagu- oder den Outeniqua-Pass und kann dann beim Gang durch die Stadt Fake News aufdecken: Am *Old Slave Tree* in der York Street wurden angeblich Sklaven festgebunden. Stimmt nicht: Mit der alten Kette am Baum wurde nur Ausrüstung vom benachbarten Tennisplatz gesichert. Und *St. Mark's Cathedral* ist die wohl kleinste Kathedrale des Kontinents.

SIGHTSEEING

GARDEN ROUTE BOTANICAL GARDEN

Picknicker und Botaniker können sich hier ebenso austoben wie Entspannungssportler. Die können nämlich beim Frisbee-Golf die Handgelenke trainieren, wandern oder beim 5 km langen *Park Run (Sa 8 Uhr)* mitlaufen.

INSIDER-TIPP
Unter Stock und Stein

Wer den Park auf besondere Art erkunden will: Im Park sind Geocache-Schätze versteckt. Also: GPS-Gerät oder Smartphone laden, und los geht's. Stift mitnehmen, denn der Finder darf sich ins Logbuch eintragen (Geocache-Positionen auf *geocaching.com*, „Suche nach George")! *49 Caledon Street | tgl. 7–18 Uhr | Eintritt 10 Rand | 2 Std.*

OUTENIQUA TRANSPORT MUSEUM

Eisenbahnfreunde bekommen feuchte Augen – das Museum ist ein Spielplatz für alle Generationen. 13 alte Dampfloks sind zu bestaunen, darunter die erste, die in Johannesburg fuhr. Zusatzspaß bringt der *Power Van:* einmal auf Schienen den Pass hinauf und einen Snack mit Aussicht nehmen! *2 Mission St. | Mo–Sa 8–17 (Sept.–April), Mo–Fr 8–16.30, Sa 8–14 Uhr (Mai–Aug.) | Eintritt 40 Rand | 1 Std.*

ESSEN & TRINKEN

LAUREN'S

Das kleine Deli ist Nummer eins bei allen, die nicht schwer, aber trotzdem gut essen wollen – vom Kaffee über orientalische Platten zu cremigen Currys. Hier wird jeder satt und glücklich. *44 Eden Meander Lifestyle Centre | Knysna Road | Tel. 0798972325 | facebook: Lauren's Eden Meander | €*

OLD TOWNHOUSE

Auf der Speisekarte des Restaurants, das in einem der ältesten Häuser der Stadt untergebracht ist, stehen traditionelle Gerichte. Wie in jedem südafrikanischen Steakhouse gibt's auch hier leckere *escargots* (Schnecken) als Vorspeise, gegrillt in Knoblauchbutter. *Market Street/Ecke York | Tel. 0448743663 | facebook: The Old Townhouse Restaurant | €€*

SHOPPEN

TIMBERLAKE FARM VILLAGE

Jung, exquisit und kreativ – das *Farm Village* zwischen Wilderness und Sedgefield gilt als Geheimtipp für alle Liebhaber von gutem Essen und modernem Design. In der *Pause Roastery* brüht der Espresso, in der *Schwaben-Metzgerei* hängen die Landjäger.

INSIDER-TIPP
Feenreich im Zaubergarten

Besonderes Kunsthandwerk findet ihr in der Hütte von *Faerie Gem:* Dort erwachen Feen, Drachen und Trolle in einem Zauberwald aus Edelsteinen zum Leben. Neben Deko gibt's auch Schmuck, und nebenan verkaufen Designer Metallkunst, Leder sowie Schals und Pullover aus Mohairwolle. *Tgl. 9–17 Uhr | N2 zwischen Wilderness und Sedgefield | timberlakeorganic.co.za*

Am urwüchsigen Strand von Wilderness ist Platz ohne Ende

SPORT & SPASS

Samstags geht's erst zum Frühstücken auf den *Outeniqua Farmers Market (Sa 8–14 Uhr)* gegenüber der Garden Route Mall – und dann nichts wie ab aufs Surfbrett in der Victoria Bay. Lieber Sitzen? Das geht bei einer geführten Tour im Quad. Und das beste: Für die Vierradmotorräder braucht ihr keinen Führerschein, und für Kinder (ab 9 J.) gibt's kleinere Modelle: *WildX Adventures,* 4-km-Tour ab 300 Rand/P. Auch im Programm: Paintball, Segway-Touren und Wandklettern. *N2 zw. Wilderness und Sedgefield | Tel. 08 20 66 11 97 | wildx.co.za*

WELLNESS

WELLNESS CENTRE WILDERNESS HOTEL

Nicht das größte Spa, doch das Angebot ist gut. Neben herkömmlichen Anwendungen bietet das *Wilderness Hotel* Salzwasserbehandlungen und eine Saunatherapie. Wenn dich die Garden Route so geschafft hat, dass nur noch Heilschlamm hilft: Das Spa bietet auch die orientalische Rasul-Behandlung an. *6 George Road, Wilderness | Mo–Sa 8–19, So 9–17 Uhr | Tel. 04 48 77 11 10*

RUND UM GEORGE

4 WILDERNESS

16 km von George / 20 Min. (Auto)

Wilderness liegt an der Mündung des Kaaimans River, und sein 5 km langer Strand *Wilderness Beach* ist wild und wunderschön. *Eden Adventures (Tel. 04 48 77 01 79 | eden.co.za)* veranstaltet Kanufahrten durch die Wilderness-Lagune und den gleichnamigen Nationalpark, den die Küstenstraße N 2 durchschneidet. Für einen ganz besonderen Anblick sorgt der

Verlauf des Kaaimans River, doch den sieht man erst von oben so richtig: Der Fluss zeichnet den Umriss des afrikanischen Kontinents in die Landschaft – am besten zu sehen vom Aussichtspunkt *Map of Africa (Remskoen Street, Hoekwil).* F8

5 OUDTSHOORN

64 km von George / 1 Std. (Auto)

Ein Strauß kommt selten allein. Und in Oudtshoorn schon gar nicht, denn hier dreht sich alles um die lauffreudigen Riesenvögel. Die werden seit 1860 gezüchtet, weil damals die Europäer Straußenfedern plötzlich todschick fanden. Die Federn wurden wertvoll wie Gold, und die Straußenzüchter zu kleinen Königen. Wie der Hype damals ablief, lässt sich im *C. P. Nel Museum (Mo–Fr 8–17, Sa 9–13 Uhr | Eintritt 25 Rand | 3 Baron von Rheede St. | cpnelmuseum.co.za | 1 h)* nachvollziehen. Und wie es heute auf einer Straußenfarm zugeht, erfährst du bei einer Tour, z. B. auf der *Cango Ostrich Farm (tgl. 8–16.30 Uhr | Eintritt 110 Rand | an der R328 | Tel. 04 42 72 46 23 | cangoostrich.co.za).* Was man in Südafrikas Straußenhauptstadt vermutlich als Letztes erwartet: die *Cango Wildlife Ranch* mit madagassischem Lemurenwald, Schlangenpark und begehbarem Wallaby-Gehege *(tgl. 8.30–17 Uhr | Eintritt 170 Rand | 191 Baron van Reede Street | cango.co.za | 2 Std.).* F8

6 CANGO CAVES ★

93 km von George / 1,5 Std. (Auto)

Ein Ausflug in die Unterwelt: Die Höhlen gehören zu den faszinierendsten

Tropfsteingebilden der Welt. Die gewaltigen Kammern und engen Tunnel sind immer noch nicht zu Ende erforscht. *Tgl. 9–16 Uhr | Standard- oder Abenteuertouren (60/90 Min.) tgl. jede halbe Stunde (für Gruppen ab 15 Pers. auch auf Franz. oder Dt.), vorbuchen! | Eintritt 120–180 Rand | Cango Valley Road | Tel. 04 42 72 74 10 | cango-caves.co.za | 2 Std. |* F8

KNYSNA

(G8) **Knysna (35 000 Ew.) wird *Neisna* ausgesprochen, hat Charme, Farbe und eine sympathische Atmosphäre – Knysna ist die heimliche Hauptstadt der Garden Route.**

Sie liegt zwischen Bergen an einer Lagune, die nur durch einen schmalen Zugang mit dem Meer verbunden ist. Wie zwei Wachposten stehen an jeder Seite große Sandsteinfelsen, die *Knys-*

Easy going mit Ausblick: Restaurant am Hafen von Knysna

na Heads. Erst drumrumwandern und dann zur Belohnung ein Aperó zum Sonnenuntergang – unbezahlbar! Eine andere Attraktion ist der *Knysna Forrest,* ein Urwald in den umliegenden Bergen. Das Städtchen gehört zu den beliebtesten Urlaubszielen der Südafrikaner – entsprechend groß war das Entsetzen, als ein Sturm im Juni 2017 massive Brände entfachte. Tausende Menschen verloren ihre Häuser. Doch wie immer in Krisenzeiten hielten die Südafrikaner zusammen, so pflanzten z.B. Freiwillige Tausende Bäume neu. Besucher erleben das Idyll heute wieder wie in alten Tagen.

SIGHTSEEING

THE MOTORCYCLE ROOM

Erinnerungen aus Edelstahl und Chrom: Auf der kleinen Insel Thesen Island hat Motorrad-Fan Colin Stunden ein Geschichtsmuseum für Biker geschaffen: Seine private Sammlung, vom Off-Road-Moped über die schnittige Rennmaschine bis zum dicken Brummer, umfasst über 130 Bikes; darunter auch die ein oder andere echte Kuriosität. *Mo–Fr 9–17, Sa 9–13 Uhr | Eintritt 100 Rand | Thesen Island | facebook: The Motorcycle Room | 1 Std.*

INSIDER-TIPP
Bikes, Bikes, Bikes!

ESSEN & TRINKEN

ILE DE PAIN BREAD & CAFÉ

Die Kunst hier ist nicht brotlos – weil's so lecker und architektonisch schön ist, bleibt man gleich zum Frühstück oder Lunch. *10 Boatshed | Thesen Island | Tel. 04 43 02 57 07 | iledepain.co.za* | €

TOTTIE'S FARM KITCHEN

Spitzendeckchen und Blümchentassen kamen noch nie so selbstverständlich daher wie in diesem unscheinbaren Lokal. Innen: gemütlich, holzig, kreativ. Bei Garth und Marian kommt alles frisch und in üppigen Portionen auf den Tisch. So Büfett! *Main Road | Rheenendal | Tel. 04 43 89 00 92 | tottiesfarmkitchen.co.za | €*

ZACHARY'S

Das feine Restaurant des Hotels *Conrad Pezuela* liegt hoch über der Lagune und verwendet trotzdem bodenständige Bioprodukte. *Do–Sa 18–22 Uhr | Hotel Conrad Pezula | Lagoonview Drive | Tel. 04 43 02 33 33 | €€€*

SHOPPEN

KNYSNA FINE ART

Eine der besten Galerien des Landes. Oft nicht mehr zu bezahlen, aber immer schön anzuschauen. *Mo–Fr 8.30–17, Sa 8.30–13 Uhr | Thesen House, 6 Long Street | finearts.co.za*

THE WATERFRONT

Rund um den Yachthafen liegen kleine Geschäfte: afrikanische Handarbeiten, skurrile Mode, Juweliere. *Knysna Quays | knysnawaterfront.com*

SPORT & SPASS

Die drei *Elephant Hiking Trails* sind 6–9 km lang und unglaublich grün. Elefanten sieht man am besten mit Guide. Für Golfer: Der Platz des *Pezula Golf Clubs (Tel. 04 43 02 53 33 | pezulagolf.com)* liegt spektakulär schön! Dazu gibt's Wassersportmöglichkeiten aller Art. Bei der *Southern Yachting Academy (Tel. 04 43 82 34 00 | southernyachting.co.za)* z. B. hast du die Möglichkeit, mit einem Kurs über 1, 2, 4 oder 9 Tage das Segeln zu lernen (ab 1800 Rand). Aber auch im Kayak lässt sich die Lagune prima erkunden – schon ab 150 Rand/Std. bei *Knysna Charters (Tel. 08 28 92 04 69 | knysnacharters.com)*. Wer lieber auf dem Trockenen bleibt, sollte die Scooter-Tour durch den *Garden Route National Park* ausprobieren! *Scootours* bringt seine Gäste von Knysna in den Wald, wo sie mit den Geländerollern den Hang hinabflitzen *(Tel. 07 91 48 37 51 | scootours.co.za | 450 Rand/P., Kinder bis 9 J. fahren für 250 Rand als Passagiere mit).*

STRÄNDE

Der *Myoli Beach* bei Sedgefield ist ein beliebter Strand. Zum Schwimmen ist der Ozean allerdings meist zu kalt, dafür könnt ihr den Strand bei einem Drink in der *Pili Pili Bar* genießen!

AUSGEHEN & FEIERN

THE PROJECT BAR

Sundowner aussuchen, zurücklehnen und Selfies mit Aussicht machen! Etwas versteckt im 1. OG des Sirocco-Gebäudes. *Thesen Island | theprojectbar.co.za*

RUND UM KNYSNA

7 PLETTENBERG BAY

32 km von Knysna / 30 Min. (Auto)

Wer sich schon bei der Aussprache von Knysna als Insider gezeigt hat, kommt mit „Plett" groß raus. Den vollen Namen nennt kaum ein Südafrikaner. Noch weniger wissen, dass die schöne Bucht im 16. Jh. mal genauso hieß: Bahia Formosa. Heute kann man sich an jedem der 320 Sonnentage neu für einen der drei Hauptstrände entscheiden oder kleinere Beaches erkunden. Optionen gibt's so viele wie Strandverkäufer. Hier ein paar Tipps: *Central Beach, Nature's Valley Beach, Keurboomstrand*. Erlebnis: Von Juli bis September ist die Bucht eine Wal-Geburtsstation. Und gleich noch mehr Erlebnis: Nur eine halbe Stunde östlich von Plett liegt die *Bloukrans Bridge*, die Vorbeifahrende mit ihrem Titel „höchste Bungee-Jump-Brücke der Welt" je nach Naturell mal langsamer werden und mal ganz schnell aufs Gas steigen lässt. 216 m geht es dabei abwärts ins Nichts. Aber was Prinz Harry schafft, kann ja so schwer nicht sein! Den finalen Schubs geben freundliche Mitarbeiter, und schon rast die Schlucht für schlappe 1000 Rand auf einen zu. Passiv-Springern wird übrigens „Vergnügungssteuer" abgeknöpft: 150 Rand kostet es, einen Springer auf die Brücke zu begleiten. Vorbuchung *(faceadrenalin.com)* empfohlen. *G8*

8 TSITSIKAMMA NATIONAL PARK

90 km von Knysna / 1,5 Std. (Auto)

Endlich Urwald! Das Naturschutzgebiet umfasst aber nicht nur Wälder, sondern auch das Meer im Radius von 5 km. Du kannst dich als Tagesbesucher (Eintritt 220 Rand) auf die Hängebrücke über dem Storms River wagen oder dem Dschungel auf Wanderungen näherkommen. Für Abenteurer lohnt sich ein Besuch bei *Stormsriver Adventure (stormsriver.com)*. Die Outdoor-Agentur bietet das volle Anti-Langeweile-Programm inklusive Baumwipfelwandern und Holzfällertour. *G8*

Luftiges Vergnügen im Tsitsikamma National Park: Hängebrücke über den Storms River

9 OTTER TRAIL

100 km von Knysna / 1,5 Std. (Auto)

Er ist einer der schönsten Wanderwege der Garden Route. Die komplette Begehung dauert fünf Tage und führt über Hängebrücken, vorbei an Seen, Buchten, Wasserfällen und durch Wälder. Weil das Pilgern dort so beliebt ist, müsst ihr leider ein Jahr im Voraus online buchen *(sanparks.org)*. Allein oder zu zweit lohnt es aber, nachzufragen, ob kurzfristig Plätze frei geworden sind. Den ersten Wandertag, der im *Storms River Mouth Rest Camp* beginnt, kann man allerdings auch ohne Anmeldung und Bezahlung machen. Wegen der anspruchsvollen Route (45 km) gelten Altersbeschränkungen: Mindestens 12, maximal 65 Jahre sollen die Teilnehmer sein. *G8*

PORT ELIZABETH

(H8) **Benannt wurde die Hafenstadt (350 000 Ew.) nach der Frau des Gründers Rufane Donkin. Auch hier kürzen die Südafrikaner wie gewohnt ab: „P.E".**

Mit einem englischen Fort fing 1799 alles an. Heute ist Port Elizabeth ein Bildungs- und Wirtschaftszentrum und Standort der Autoindustrie: Ford, Opel und VW produzieren hier. Der Charme der Stadt – abgesehen vom viktorianischen Erbe – erschließt sich dem Touristenauge nicht sofort. Die Attraktionen liegen eher drumherum und an den langen Sandstränden.

SIGHTSEEING

CAMPANILE

Ein Stück Venedig in Afrika. Der 1923 erbaute Glockenturm erinnert an die Landung der Briten in der Bucht. Wer die 200 Stufen bis zur Plattform (53m) bewältigt, hat das volle Panorama. Glockenspiel: 8.22, 13.32, 18.02 Uhr. *Strand St. | Di–So 9–12.30, 13.30–17 Uhr*

ST. GEORGES PARK

Im „Central Park von PE" findest du Sportplätze, ein Openairtheater, ein Schwimmbad, das *Nelson Mandela Metropolitan Art Museum*, das Künstler des Ostkaps ausstellt, und den *Botanischen Garten*. *Park Drive*

VOLKSWAGEN AUTO PAVILION

In einem Land, in dem noch zig City Golf herumfahren, ist ein VW-Museum eine Attraktion. Der erste Sedan (später als „Beetle" bekannt) lief 1951 vom Band. Vom alten „Herbie" bis zu neuester Technologie: Alles ist informativ und auch interaktiv. E-Wägelchen fahren durch die Fabrik nebenan.

WOHIN ZUERST?

Am **Markt** stehen einige historische Gebäude. Von hier geht es zur Donkin Street mit hübschen viktorianischen Häuschen. Das Tourismusbüro ist im Donkin Lighthouse untergebracht, von hier führen Kunstwanderwege durch den Park. Das Auto auf einem bewachten Platz abstellen!

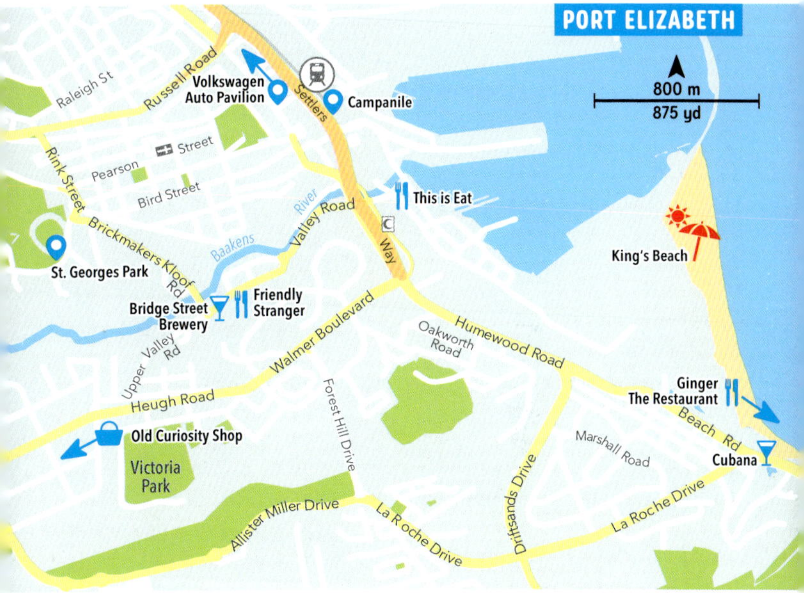

Tgl. 8.30–16 Uhr | Eintritt 10 Rand | 103 Algoa Road | Uitenhage | autopavi lion.co.za | 2 Std.

ESSEN & TRINKEN

FRIENDLY STRANGER

Wie war das? Nicht mit Fremden sprechen! Bei ihnen essen aber schon … In diesem kreativen Bootshaus weitab vom Meer sind die Gerichte herzhaft und die Preise gar nicht strange. *1 Bridge St. | Tel. 07 49 11 97 08 | facebook: Friendly Stranger | €*

GINGER THE RESTAURANT

Cooles Restaurant in Summerstrand (im Hotel *The Beach*) mit tollem Blick. Zu empfehlen: die Fischvorspeisen. *1 Marine Drive | Tel. 04 15 83 12 29 | ginger-restaurant.co.za | €€*

THIS IS EAT

Rustikale Holzbänke, rote Sonnenschirme, und auf der Karte steht vor allem Fisch. Curry schlägt hier Sushi, und manchmal hat der Koch auch einen schlechten Tag … Trotzdem stehen die Gäste regelmäßig Schlange. *Am Hafen | Tel. 04 15 28 21 61 | facebook: This Is Eat | €*

SHOPPEN

OLD CURIOSITY SHOP

Der Kuriositätenladen ist selber schon ein Kuriosum und ein Paradies vor allem für Sammler viktorianischen Silbers und Porzellans – wobei sich bei Letzterem natürlich das Transportproblem stellt. *256 Main Road, Walmer | Tel. 08 34 52 07 95 | facebook: Old Curiosity Shop*

Probier's mal aus – Einladung zum Schnuppertauchkurs in Port Elizabeth

SPORT & SPASS

Surfausrüstungen gibt's an fast jedem Strand zu leihen. Ihr könnt auch tauchen und – natürlich geführt von erfahrenen Tauchern – in Schiffswracks nach Schätzen suchen: *Pro Dive (Tel. 04 15 81 11 44 | prodive.co.za).* Die Profis von *Sundays River Adventures (Tel. 07 11 85 65 65 | sundaze.co.za)* zeigen euch, wie Sandboarden am Strand geht.

Etwa eine Stunde nördlich von P.E. liegt der Erlebnispark *Adrenalin Addo (adrenalinaddo.co.za)* – und auch hier gilt Nomen est Omen. Wem nach der Zipline der Kopf noch nicht genug schwirrt, der kann auch noch den *Giant Swing* testen: eine 18 m hohe Riesenschaukel.

STRÄNDE

1,6 km goldener Sand: Der *King's Beach* ist Port Elizabeth' Vorzeigestrand und eignet sich wegen der zentralen Lage gut für einen spontanen Tauchgang oder zum Schwimmen. Rettungsschwimmer sind vor Ort.

WELLNESS

AMANI SPA

Urlaub ist anstrengend. Das Spa im *Radisson Blu Hotel* bietet Sport-Recovery-Massagen für müde Knochen; Verspannungen werden mit der Cooling-Therapeutic-Methode zu fairen Preisen weggeknetet. *Tgl. 8–20*

INSIDER-TIPP
Einmal durchkneten, bitte!

Uhr | Ecke 9th Av./Marine Drive | Tel. 04 15 09 53 33 | amanispas.co.za

AUSGEHEN & FEIERN

BRIDGE STREET BREWERY

Das selbstgebraute Bier und die Tapas sind vorzüglich. Fr/Sa gibt es meist auch Livemusik. *1 Bridge St. | Tel. 04 15 81 03 61 | bridgestreet.co.za*

CUBANA

Moderne, loungige Latinobar mit leckeren Drinks und Blick auf den Ozean und den Hafen. *Beach Road | McArthur Centre*

RUND UM PORT ELIZABETH

10 JEFFREY'S BAY

80 km von Port Elizabeth / 1 Std. (Auto)

Und noch ein Kürzel: „J-Bay" hat die besten Wellen zum Surfen in ganz Südafrika, es gilt als Mekka der Surfergemeinde. So wird der Ort jedes Jahr im Juli zur Pilgerstätte, wenn das *Open JBay Festival* Surfer aus aller Welt anlockt. Bei dem Event messen sich die besten auf ihren Brettern. Was vor Jahren mal eine relaxte Hippiekommune war, lebt jetzt vom internationalen Surfzirkus. Ein Muss ist der Stopp in den Factory Shops von *Billabong* und *Quiksilver* für supergünstige Surfklamotten. *H8*

11 ADDO ELEPHANT NATIONAL PARK ★

60 km von Port Elizabeth / 40 Min. (Auto)

Mehr als 600 Elefanten leben hier auf einer Fläche von 1680 km² Buschland. Als das Reservat 1931 gegründet wurde, gab es nur noch elf (!) Tiere. Heute leben hier die Big Seven, also neben den üblichen Verdächtigen (Elefant, Büffel, Löwe, Leopard, Nashorn) auch noch der Glattwal und der weiße Hai, denn das Schutzgebiet wurde bis in den Ozean hinein erweitert. Für Übernachtungen zu empfehlen ist das *Main Camp*. Da es an einem Wasserloch liegt, habt ihr hier gute Chancen, auch nach dem Game Drive noch Tiere beobachten zu können. Frühzeitig buchen! *Tgl. 7–19 Uhr | Eintritt 307, Kinder 154 Rand | 6 Std. | H7–8*

GRAHAMSTOWN

(H7) **Studenten, Geister, Kirchen und ein Festival. Was braucht ein Ort mehr, um sich einen Namen wie Donnerhall zu schaffen.**

Als die Briten ab 1812 die Stadt (heute 70 000 Ew.) gründeten, hatten sie die Rechnung ohne die ansässigen Xhosa-Stämme gemacht. Es wurde gekämpft und gemetzelt, und vielleicht gibt es heute deswegen mehr als 40 Kirchen im Ort – um alle möglichen Gottheiten zu besänftigen. Jeden Juli schwillt die Stadt auf das Doppelte an, denn dann macht sie das *National Arts*

Festival (nationalartsfestival.co.za) eine Woche lang zur Riesenbühne.

SIGHTSEEING

NATIONAL ENGLISH LITERARY MUSEUM

Achtung, Bücherfreunde: So verschlafen, wie sich das Städtchen präsentiert, will man kaum glauben, dass es die wichtigste Anlaufstelle für Literaten ist. Denn hier lagert die größte Sammlung englischsprachiger Literatur im südlichen Afrika. Einen Besuch wert ist schon das moderne Gebäude selbst – sehr erfrischend im Kleinstadtidyll! *Mo–Fr 8–16.30 Uhr | Eintritt frei | 25 Worcester St. | facebook: National English Literary Museum | 2 Std.*

INSIDER-TIPP
Moderner Bücherpalast

OBSERVATORY MUSEUM

Der Uhrmacher Henry C. Galtin führte seine Gäste einst mit wüsten Versprechungen ins Türmchen seines Hauses. Auf einem Tisch konnten sie dort die Stadt von oben sehen. Der Trick: eine Camera obscura, eine Art historischer Projektor. Das Haus ist heute etwas abgewrackt, aber na ja. *Bathurst St. | Mo–Fr 9–16.30, Sa 9.30–13 Uhr | Eintritt 20 Rand | 1 Std.*

ESSEN & TRINKEN

HARICOT'S DELI & BISTRO

Backwaren to die for! Aber multikulti, denn abends wird's gern französisch oder mediterran. *32 New Street | Tel. 04 66 22 21 50 | facebook: Haricot's Deli & Bistro | €*

RUND UM GRAHAMSTOWN

12 AMAKHALA GAME RESERVE

55 km von Grahamstown / 40 Min. (Auto)

Das private Wildtierreservat ist perfekt zur Stressentwöhnung. Für 1050 Rand/P. (Kinder zahlen die Hälfte) gibt es eine dreistündige geführte Safari mit anschließendem Lunch. Einem Nationalpark steht der Park in nichts nach: Neben den Big Five leben hier auch Giraffen, Zebras, Geparden und alle möglichen Antilopenarten. *N2 Richtung Port Elizabeth | Tel. 04 15 02 94 00 | amakhala.co.za | Safaris starten um 9 Uhr | Reservierung empfohlen | H8*

13 HOGSBACK

140 km von Grahamstown / 2 Std. (Auto)

Klingt nach Mittelerde aus dem „Herrn der Ringe"? Könnte sein, denn Autor JRR Tolkien wurde in Südafrika geboren, und immer wieder hört man, er könne von Hogsback inspiriert worden sein. Der kleine Wanderort in den Amathole-Bergen zelebriert diesen Ruf genüsslich, und es gibt Magisches an allen Ecken, z. B. das Labyrinth des *The Edge Mountain Retreat (theedgehogsback.co.za)*, das weit oben über die Mittelerde-Landschaft wacht. Ebenfalls magisch: der *Fairy Meander* der *Camelot Cottages (camelot-cottages.co.za)*, wo Besitzer Patrick im Wald

Bühne frei: Tänzer auf dem National Arts Festival in Grahamstown

eine Phantasiewelt voller Trolle, Feen und Einhörner geschaffen hat. *J7*

GRAAFF-REINET

(G7) **Wie aus dem Nichts liegt da plötzlich dieses Schatzkästchen in der Halbwüste Karoo. Graaff-Reinet (40 000 Ew.) gehört zu den ältesten Städten Südafrikas. Drumherum: der *Camdeboo National Park*.**

Der Stadtkern ist wie ein Freilichtmuseum. Hier spiegelt sich die Architekturgeschichte der letzten 200 Jahre wider, von der Karoohütte über die kapholländischen Anwesen, die im 18. Jh. den Stadthäusern in Amsterdam nachgebaut wurden, bis zu Häusern der viktorianischen Ära.

SIGHTSEEING

REINET HOUSE MUSEUM

Im ehemaligen Pfarrhaus gehst du auf Zeitreise – mit Hilfe von Möbeln, Haushaltsgeräten und einem Fuhrpark, der wirklich *old school* ist. Die Weinrebe vor dem Haus soll die älteste im ganzen Land sein. *Mo–Fr 8–16, Sa/So 9–13 Uhr | Eintritt 25 Rand | Murray Street | graaffreinetmuseums.co.za | 1 Std.*

ESSEN & TRINKEN

BLUE MAGNOLIA

Ist das nun eine Gärtnerei oder ein Café? Beides! Und somit eine sehr südafrikanische Mischung, improvisiert und einfallsreich eben. Hier kannst du hausgemachte Törtchen zum Cappuccino genießen und das zwischen Oleander, Thujen und – richtig – Magnolien. *3 Muller St. | facebook: Blue Magnolia | €*

DE CAMDEBOO

Auf dem Gelände des noblen *Drostdy Hotels:* was für besondere Abende und Fleisch-Hunger; die Portionen sind riesig! Danach hilft ein Whisky an der Bar. *Church St. 30 | Tel. 04 98 92 21 61 | €€*

POLKA

Tagsüber entspannt, abends festlich – das Restaurant mit hübschem Innenhof lässt die Zunge tanzen und zwar zu Ciabatta-Pizza und langsam gekochtem Karoo-Lamm, der Spezialität der Region. *52 Somerset Street | Tel. 08 75 50 13 63 | €€*

SHOPPEN

WINDMILL JUNCTION

Ob Antiquitäten, Trödel, Kunst oder Kitsch, Besitzerin Amori hat alles in ihrem kleinen Stöberladen im typischen Karoo-Design angeordnet. *52 Somerset St. | windmilljunction.co.za*

RUND UM GRAAFF-REINET

14 CAMDEBOO NATIONAL PARK

5 km von Graaff-Reinet / 10 Min. (Auto)

Die Hauptattraktion dieses Nationalparks ist das *Valley of Desolation (tgl. von Sonnenauf- bis -untergang | Eintritt 120 Rand)*, eine Felsenschlucht mit zum Verzweifeln schönen Ausblicken und einem Rundweg. *G7*

15 MOUNTAIN ZEBRA NATIONAL PARK

130 km von Graaff-Reinet / 1,5 Std. (Auto)

Hier leben die seltenen Bergzebras. Bis zur Parkgründung 1937 waren sie fast ausgestorben. Sie leisten jetzt Löwen und Geparden Gesellschaft. *Eintritt 200 Rand | H7*

KIMBERLEY

(G–H5) **Es war das Jahr 1866, als der Teenager Erasmus beim Herumlungern am Gariep River einen Stein fand, der so schön glitzerte. Daraus wurde der größte Diamantenrausch aller Zeiten.**

Mit diesem Fund legte der Junge sozusagen den Grundstein für die Diamantenstadt *Kimberley* (230 000 Ew.). Der erste Diamant – Eureka genannt – hatte satte 21,75 Karat. Eine Kopie ist im Minenmuseum zu besichtigen. Zunächst suchten nur die Einwohner fieberhaft die Ufer ab, dann kamen immer mehr Glücksritter aus aller Welt. Am Anfang war Kimberley nichts als eine Zeltstadt für einige zehntausend Diamantengräber, die ihr den sprechenden Namen *New Rush*, „neuer Rausch", gaben. Zu dieser Zeit, um 1870, gruben bis zu 50 000 Menschen im sogenannten *Big Hole*, dem größten von Menschenhand geschaffenen

Die Aussichtsplattform gewährt tiefe Einblicke in das Big Hole vom Kimberley

Krater der Welt. Er hat eine Tiefe von 215 m, einen Durchmesser von 1,6 km und umfasst eine Fläche von 17 ha. In 43 Jahren wurden in diesem Riesenloch insgesamt 2722 kg Diamanten, die 13,6 Mio. Karat hatten, gefunden. Das Zeltlager entwickelte sich zu einer kleinen Stadt, der man 1873 den Namen Kimberley gab.

SIGHTSEEING

BIG HOLE AND KIMBERLEY MINE MUSEUM ★

Auf die Plattform, fertig, los! Ist der Höhentest bestanden, gibt's ein Foto zur Belohnung. Schwindelfrei? Die beste Zeit für ein Selfie mit dem Krater im Hintergrund ist ein sonniger Mittag. Dann schimmert das Wasser türkis-grün, den Algen sei Dank. Die *Old Town* am Kraterrand ist ein Openairmuseum mit historischen Häusern. Im *Visitors Centre* wird die Geschichte des Diamantenrauschs gezeigt, und im *Diamond Vault* sind Rohdiamanten ausgestellt, u.a. der berühmte „616" mit 616 Karat. *Tucker Street | tgl. 8–17 Uhr | Eintritt Museum frei, Big Hole 100 Rand | thebighole.co.za | 3 Std.*

INSIDER-TIPP
Ultimatives Selfie-Erlebnis

WILDEBEEST KUIL ROCK ART CENTRE

Stadtleben und Bergwerksindustrie lassen leicht vergessen, dass Menschen schon Jahrtausende vor Ankunft der Diamantenjäger in der Region lebten: die San, das Urvolk aus der Kalahari-Wüste. In diesem Minimuseum mit Erlebnispfad wird ihr Erbe in Form von Felsmalereien erhalten und erklärt. *Mo–Fr 9–16 Uhr | R31 Richtung Barkly West | Eintritt 35 Rand | wildebeestkuil.itgo.com | 1,5 Std.*

Hier bahnt sich das Wasser des Orange River seinen Weg: Augrabies Falls

ESSEN & TRINKEN

OCCIDENTAL BAR & RESTAURANT

Ein Schnaps und ein voller Teller mit Hausmannskost an der langen Westerntheke, und der Tag ist gerettet. *Tucker Street/Big Hole Complex | Tel. 05 38 32 26 68 | €*

AUSGEHEN & FEIERN

FLAMINGO KASINO

Auf den Geschmack gekommen, doch es fehlt das nötige Kleingeld für den Diamantring? Vielleicht helfen da die Automaten und Spieltische weiter. Im angeschlossenen *Harvest Grill* könnt ihr auch gut essen (Kinder willkommen!). Oder aber: Wüstenstaub abklopfen und zur Massage ins Royal Spa! Die Kinder (2–17 J.) kommen in der Zwischenzeit in der *Flambino's Creche and Kids' Zone* unter; dort wartet u. a. ein altersgerechtes Minikasino auf sie. *N12 Phakamile Road | Tel. 05 38 30 26 00 | suninternational.com/flamingo*

RUND UM KIMBERLEY

16 TSWALU KALAHARI GAME RESERVE

380 km von Kimberley / 4,5 Std. (Auto)

Eine Oase in der Wüste. Die Diamantenfamilie Oppenheimer schuf sie seinerzeit – nicht nur, um selbst weit weg von anderen Menschen zu freizeiten, sondern auch, um mit vorbildlichem Ökotourismus die Kalahari in

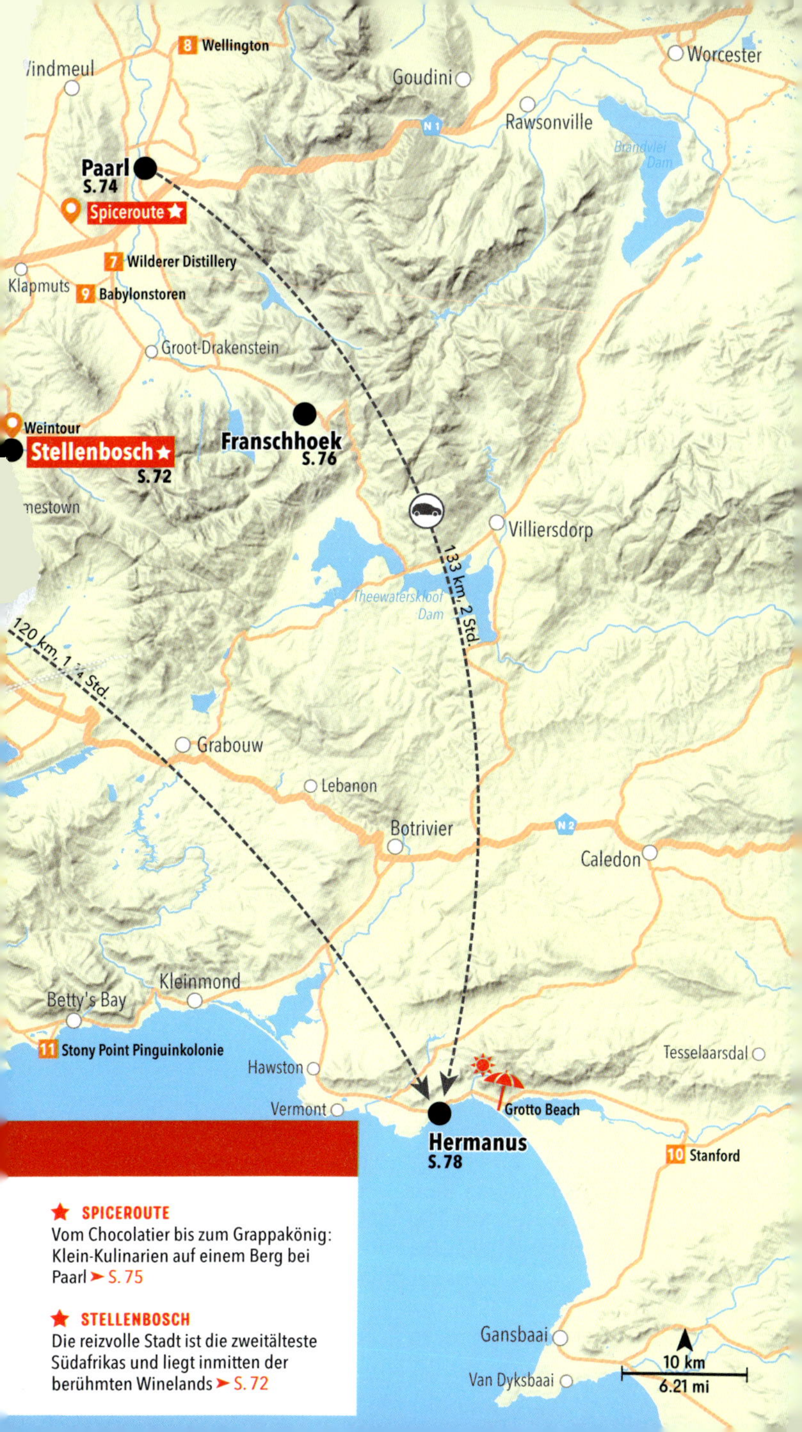

★ **SPICEROUTE**
Vom Chocolatier bis zum Grappakönig: Klein-Kulinarien auf einem Berg bei Paarl ➤ S. 75

★ **STELLENBOSCH**
Die reizvolle Stadt ist die zweitälteste Südafrikas und liegt inmitten der berühmten Winelands ➤ S. 72

KAPSTADT (CAPE TOWN)

(📖 D8) **Selbst weit gereiste Besucher finden, Kapstadt (3,7 Mio. Ew.) sei die schönste Stadt der Welt. Die Kapstädter glauben das sowieso ...** Am fotogensten ist Cape Town vom Meer oder einem der Aussichtspunkte aus: festgehalten vom Tafelberg und der Bergkette der „Zwölf Apostel" zieht sich die Stadt die Hänge hoch. Der Tafelberg versteckt sich von November bis April oft unter einer Tischdecke von Wolken, dann ist der Hafen der Star. Der wurde wegen des felsigen Bodens weit ins Meer gelegt, weil man anders nicht die nötige Tiefe bekommen hätte. Der älteste Teil, die *Victoria & Alfred Waterfront,* ist heute

eine Shopping Mall. Drumherum eine Vergnügungsmeile, die zeigt, was Kapstädter besonders gut können: das Leben genießen. Verwöhnt von der Postkartenumgebung und den vielen Möglichkeiten, sich einen netten Tag zu machen, verweigern sie sich dem Stress. Alles hat und braucht Zeit. Besucher aus anderen Landesteilen nennen diese Einstellung das „Kap-Koma".

WOHIN ZUERST?

Greenmarket Square: idealer Ausgangspunkt für einen ersten Stadtspaziergang. Vorbei an der alten City Hall geht es zur St George's Cathedral. Hinter der Kirche beginnt der Company's Garden. Parkplätze gibt's in den kleinen Straßen der Umgebung oder in der Loop und der Long Street.

Am Kap der Guten Hoffnung fließen der Atlantik und der Indische Ozean zwar noch nicht zusammen, aber je weiter man an der Südküste nach Osten fährt, desto wärmer wird das Wasser. Deshalb ist Hermanus eines der Lieblingswochenendziele der Kapstädter; das Wasser hat im Sommer angenehme 20 Grad. Berühmt ist der Ort aber vor allem, weil zwischen Juni und Dezember Wale in der Bucht ihre Jungen zur Welt bringen. In der Nähe von Bredasdorp liegt der südlichste Punkt Afrikas, das Cape Agulhas. Weniger spektakulär als das Kap der Guten Hoffnung, aber rau und echt.
Noch mehr Lust auf Kapstadt? Schau nach im MARCO POLO „Kapstadt"!

SIGHTSEEING

BO-KAAP (MALAY QUARTER) ★

Kunterbunt und voller Geschichte – die kleinen Häuser des Stadtviertels wurden von befreiten Sklaven gebaut; ihre Nachfahren leben noch immer hier. Exotische Gerüche, Muezzinrufe, steile Sträßchen. Vorm Fotografieren bitte fragen! Die Geschichte des Viertels, das trotz Protesten der Bewohner in den letzten Jahren verstärkt von Gentrifizierung und steigenden Mieten heimgesucht wird, erzählt das *Bo-Kaap Museum (Mo–Sa 9–16 Uhr | Eintritt 20 Rand | 71 Wale St. | iziko.org.za | 1 Std.).* Bloß einen kurzen, wenn auch steilen Spaziergang entfernt liegt die *Noon Gun*. Jeden Mittag, (außer So), feuert die Kanone am Hang des Signal Hills eine 3-kg-Ladung Schießpulver ab – früher, damit Händler und Kapitäne ihre Uhren danach stellen konnten, heute aus Nostalgie. Eine Einführung vorm Big Bang gibt es ab 11.30 Uhr *(Military Road | Eintritt frei | 30 Min.).* | b3

CASTLE OF GOOD HOPE

Diese Burg von 1666 war die Residenz der ersten Gouverneure am Kap. Sie ist das älteste Gebäude Südafrikas und wurde zum Schutz der ersten Siedler gebaut. Damals stand die Festung noch direkt am Meer, der umliegende Bezirk wurde dem Atlantik erst später abgerungen. Die Geister von Gefangenen spuken angeblich noch durchs Gemäuer ... *Mo–Sa 9–16, Führungen Mo–Sa 11, 12 und 14 Uhr | Eintritt 30 Rand | Darling Street/Ecke Buitenkant Street | 2 Std.* | c5–6

DISTRICT SIX MUSEUM

Wenn einer kommt und sagt: „Ihr dürft hier nicht mehr wohnen, morgen wird alles plattgewalzt", dann ist das Apartheid. Die Ausstellung zeigt das Leben vor und nach der Vertreibung, auch Führungen durch Zeitzeugen, auf Anfrage auch Gruppenführungen durch den Stadtteil (150 Rand/P.). *Mo–Sa 9–16 Uhr | Eintritt 45 Rand | 25 Buitenkant St. | 1,5 Std.* | b5

GROOT CONSTANTIA

Dieses historische Weingut ist das älteste in Afrika überhaupt. Das zeigt u.a. ein Blick auf die uralten Bestellscheine: Schon Napoleon Bonaparte versüßte sich das Exil mit den Weinen von Groot Constantia – mit etwa 30 Flaschen monatlich. Das Herrenhaus strahlt in kapholländischer Architektur. Eine Weinprobe ist natürlich möglich, und im Restaurant *Jonkershuis (Tel. 02 17 94 62 55 | jonkershuisconstantia.co.za | €€€)* gibt's Kap-Gerichte im historischen Innenhof. *Tgl. 9–18 Uhr | Groot Constantia Road | 3 Std.* | 0

KIRSTENBOSCH NATIONAL BOTANICAL GARDENS ★

An den östlichen Hängen des Tafelbergs liegen zwischen 100 und 1000 m Höhe die botanischen Gärten. Der Baumwipfelsteg, die sogenannte *Boomslang* (Baumschlange), führt hoch oben zu einem wunderbaren Panorama, dem perfekten Selfie-Spot! Daneben gibt es Restaurants, einen Teegarten und unzählige Picknickplätze. Jeden Sommer verwandelt sich Kirstenbosch in eine Bühne für lokale Stars und Bands, die Sommerkonzerte sollte man früh buchen und wegen Parkplatzmangel möglichst früh anreisen. Die ideale Besuchszeit für den Garten ist August bis Oktober, dann blüht fast alles. *Tgl. Sept.–März 8–19, April–Aug. 8–18 Uhr | Eintritt 65 Rand | sanbi.org | 4 Std.* | 0

INSIDER-TIPP
Rock und Klassik im Garten

LION'S HEAD

Jeder Kapstädter muss es einmal im Leben machen: den Löwenkopf-Berg erwandern. Fast 700 m geht's hoch, erst noch ganz gemächlich, dann ziemlich abenteuerlich. Einmal im Monat sogar im vollen Mondschein. In den Rucksack gehören Stirnlampe, Pulli, Snacks und vielleicht eine Flasche Wein. Vorher im Netz den Weg recherchieren! *0*

ROBBEN ISLAND MUSEUM

Es ist schon perfide: Freiheitskämpfer auf eine Insel verbannen und hoffen, dass sie damit auch aus dem Sinn sind. 18 von seinen 27 Jahren hinter Gittern hat Nelson Mandela auf Robben Island verbracht. Ehemalige Mitgefangene führen heute durch die Zellen (Tour ca. 3 Std.). Wenn du die Gefängnisinsel besuchen möchtest, solltest du die Fähre (tgl. 9, 11, 13 und 15 Uhr) rechtzeitig online buchen. *Eintritt 360 Rand | Clocktower Terminal | Waterfront | Tel. 02 14 13 42 00 | robben-island.org.za | 5 Std. (inkl. Überfahrten) | 0*

TAFELBERG ★

In 5 Min. erreicht die Gondel der Seilbahn den Gipfel, 1086 m über der Stadt. Es führen auch Wanderwege hinauf, z. B. die *Platteklip Gorge*, die an der Talstation beginnt. Von oben kann man die Kaphalbinsel fast ganz überblicken. Die Seilbahn fährt das ganze Jahr, wenn das Wetter es erlaubt *(330 Rand, im Sommer ab 18 Uhr halber Preis)*. Die Tickets sollte man vor allem in der Hauptsaison *(Dez.–Feb.)* im Voraus buchen – das erspart langes Anstehen in der Sonne. Beim *Sundwoner Special* kannst du die im Atlantik versinkende Sonne beobachten. *Table Mountain Road | Bahnzeiten, Tickets: tablemountain.net | Wetterinfo: Tel. 02 14 24 81 81 | 3 Std. | 0*

INSIDER-TIPP
Ausblick ohne Anstehen

Fantasievolle Hausbemalung: Junge im Stadtviertel Bo-Kaap

VICTORIA & ALFRED WATERFRONT

Hier kann man nicht oft genug hingehen. Egal, ob man einen Heliflug oder eine Bootstour buchen, sich an Seafood sattessen oder nur schauen will. Der älteste Teil des Hafens wird seit Jahren stetig ausgebaut und mit ihm der Amüsierfaktor: Hotels, Museen, Restaurants, Läden. Den Grundstein legte einst Prinz Alfred, Sohn der englischen Königin Viktoria. Desalb auch V&A Waterfront – ideal für die abkürzungsfreudigen Südafrikaner. Bei Regen ab in die Unterwasserwelt des *Two Oceans Aquarium (tgl. 9.30–18 Uhr | Eintritt 185, Kinder 140 (14–17 J.) bzw. 90 Rand (4–13 J. | aquarium.co.za | 2,5 Std.)*! Das ultimative Urlaubserlebnis: ein Tauchgang im Aquarium oder beim *Penguin Encounter* die Felsenpinguine füttern (Vorbuchung nötig!). *V & A Waterfront Information Centre (Mo–So 9–18 Uhr | Tel. 02 14 08 76 00 | waterfront.co.za) | e–f 1–2*

INSIDER-TIPP
Unter Fischen und Pinguinen

ESSEN & TRINKEN

Die Auswahl ist überwältigend, doch die Schwarmintelligenz auf *eatout.co.za* und *tripadvisor.com* hilft weiter.

MARCO'S AFRICAN PLACE

Afrika auf dem Teller. Chef Marco Radebe war der erste schwarze Gastronom Kapstadts – seit 1997 lädt er im Bo-Kaap dazu ein, sich durch afrikanische Gerichte zu probieren. *15 Rose Street | Bo-Kaap | Tel. 02 14 23 54 12 | marcosafricanplace.com | €€ | c3*

PANAMA JACK'S

Das Hafenrestaurant serviert alles, was das Meer so zu bieten hat. Es liegt etwas versteckt im Containerhafen, aber die freundlichen Herren an der Einfahrtsschranke helfen gern weiter. *Cruise Ship Terminal | Hafen | Tel. 02 14 48 10 80 | facebook: Panama Jacks | €€ | 0*

THE TEST KITCHEN

Die Nummer eins des Landes: keine Nahrungsaufnahme, sondern eine Sinneserfahrung über 15 Gänge. Jeweils am Monatsersten für den Folgemonat reservierbar. *375 Albert Road | Woodstock | Tel. 02 14 47 23 37 | thetestkitchen.co.za | €€€ | 0*

VERGELEGEN

Auch wenn das Weingut schon 300 Jahre auf dem Buckel hat – oll ist hier nichts. Es gibt zwei Toprestaurants, der Hit ist aber das Picknick: im Wald und mit allem Schnickschnack. Vorbuchen! *Lourensford Road | Somerset West | Tel. 02 18 47 21 00 | vergelegen.co.za | €€€ | 0*

CHARLY'S BAKERY

Cupcakes, Brownies, Käsekuchen: Hier werden süße Träume wahr! In der Eckbäckerei mit der pinken Fassade könnte man endlos sitzen, Kaffee schlürfen und die Kreationen von Charly's Cake Angels verkosten, wäre da nicht der das Ding mit dem Zuckerschock ... *38 Canterbury St. | Zonnebloem | Tel. 02 14 61 51 81 | charlysbakery.co.za | b5*

INSIDER-TIPP
Die besten Küchlein der Stadt

Einkaufs- und Vergnügungszentrum: Victoria & Alfred Waterfront

SHOPPEN

BREE STREET

Achtung, Hipsteralarm! Beim Bummel entlang der sich ständig neu erfindenden Straße sollte die Kreditkarte festgeschnallt werden. Verlockungen in Form von Mode, Schmuck, Keramik, Taschen – alles originell und meist handgemacht. *b–c3*

MONKEY BIZ

Frauen, die sonst kaum Chancen im Leben haben, können hier mit ihrer Kreativität Geld verdienen. Ihre Perlentiere gibt's nicht an jeder Ecke. *61 Wale Street | Bo-Kaap | monkeybiz.co.za | b3*

THE WATERSHED

Die V&A Waterfront ist einkaufstechnisch konkurrenzlos. Doch der schönste Ort, um Mitbringsel zu shoppen, findet sich abseits des Getümmels. In der alten Lagerhalle *The Watershed* neben dem großen Einkaufszentrum reihen sich Stände kleiner Designmanufakturen. Snacks gibt's im Food Court nebenan. *Tgl. 10–21 Uhr | Dock Road | V&A Waterfront | waterfront.co.za/shop/watershed | f1*

INSIDER-TIPP
Shoppen im Hafen

SPORT & SPASS

An der V&A Waterfront gibt's zig Bootstourenanbieter, z. B. *Mirage (Tel. 07 14 28 11 26 | miragecatamaran.com).* Selbst Kapitän sein? Klappt mit den Motor-Schlauchbooten von *Ocean Image (Tel. 06 37 87 81 45 | ocean image.co.za).* Wer lieber schwitzen möchte, kann das beim SUP durch die Kanäle der Waterfront tun. Brett und Paddel gibt's bei *SUP Cape Town (Tel.*

Zu Kapstadts beliebtesten Ausgehmeilen gehört die Long Street

08 27 89 04 11 | supcapetown.co.za). Familiengerechtes Minigolf biete das *Momentum Golf Village (Carl Cronje Dr. | Durbanville | Tel. 02 19 48 56 73 | thegolfvillage.co.za).* Und gleich nebenan liegt der Vergnügungspark *Cool Runnings (coolrunnings.capetown)* mit einer 1,2 km langen Sommerrodelbahn. Findest du Minigolf langweilig? Dann kennst du *Glowing Room SA (Ecke Koeberg Rd./Turf Club Dr. | Milnerton | Tel. 02 15 51 22 44 | glowingrooms.co.za)* noch nicht: In Dunkelheit spielt man leuchtende Bälle durch eine leuchtende Graffiti-Landschaft und das mit 3D-Brille. Mehr Action? Gibt's bei einer einstündigen Fahrt nach Norden. Dort kann man auf dem Surfboard die weißen Dünen von Atlantis hinabrasen *(downhilladventures.com).*

Was ist schöner, als durch Kapstadts Straßen zu flanieren? Über sie hinwegzuschweben! *Para Taxi (Tel. 08 29 66 20 47 | para-taxi.com)* macht es möglich bei einem 20-min. Tandemgleitflug; abgesprungen wird vom Lion's Head.

WELLNESS

Bei der Behandlung im offenen Massagepavillon des Hotels *Twelve Apostles (12apostleshotel.com)* stockt einem schon mal der Atem – aber nur wegen des Meerblicks. Zentraler liegt das Spa des *One & Only Hotels* an der Waterfront *(oneandonlyresorts.com),* und in den historischen *Long Street Baths,* einer 1908 gebauten Therme, lässt es sich auch aushalten. Eine besondere Massageerfahrung bietet Eslinah Magemgenene im *Rogue Day Spa (rougespa.co.za):* Ihr Augenlicht hat die Südafrikanerin verloren, nicht aber das Gefühl in den Händen.

gesäumten Straßen der Stadt wird man in die Gründerzeit zurückversetzt – zumindest bis im nächsten Café eine Horde Studenten zu grölen beginnt, denn Stellenbosch ist Uni-Stadt. Der historische Kern mit Häusern verschiedener Stile (u. a. kapholländisch und viktorianisch) ist gut erhalten.

SIGHTSEEING

DORP STREET

In der ältesten Straße der Stadt stehen viele denkmalgeschützte Häuser, die oft mit kunstvollen Giebeln versehen sind. Die lutherische Kirche (1851) beherbergt heute die Kunstgalerie der Universität. *Oom Samie se Winkel (84 Dorp Street | Tel. 02 18 87 07 97)* ist ein uriger Krämerladen, in dem es neben Lebensmitteln (gute Weine!) auch allerlei Kurioses, Kunst und Krimskrams zu kaufen gibt. Im Garten werden kleine Gerichte serviert.

VILLAGE MUSEUM

Wann fing das viktorianische Zeitalter an? Was macht die Giebel der Dorp Street so kunstvoll? Am besten lernt man's doch am lebenden bzw. gemauerten Objekt – und davon hat das Museum vier Stück. Die Häuser machen Geschichte greifbar. *Mo–Sa 9–17, So 9–15 Uhr | Eintritt 40 Rand | 18 Ryneveld St. | stelmus.co.za | 1 Std.*

ESSEN & TRINKEN

RESTAURANT AT CLOS MALVERNE

Nicht mal ein eigener Name – sehr bescheiden für ein Restaurant mit Spitzenruf und Spitzenküche. Kap-Klassiker werden modern interpretiert und mit Produkten aus dem eigenen Garten zubereitet. Ach ja, und ein Spitzenausblick auf den Weinberg! *Devon Valley Road | Tel. 02 18 65 20 22 | closmalverne.co.za/restaurant | €€€*

WIJNHUIS

Sympathisches Straßenbistro und Weinbar mit stets fröhlicher Kundschaft. Noch viel besser schmeckt das Essen mit der Auswahl an Craft Beer aus der Region. *Church Street/Ecke Andringa Street | Tel. 02 18 87 58 44 | wijnhuis.co.za | €*

SHOPPEN

BOEZAART BAUERMEISTER

Die beiden Designerinnen sind bekannt für ihre delikaten Schmuckstücke, die von Spitze inspiriert sind. *Church Street/Ecke Ryneveld Street | boezaartbauermeister.com*

SMAC GALLERY

Moderne südafrikanische Kunst bewegt, knallt rein. Eine der besten Galerien des Landes dafür. *De Wet Centre | Church Street | smacgalle ry.com*

AUSGEHEN & FEIERN

BALBOA BALCONY BAR

Gute After-Work-Vibes auf dem Balkon. Beliebt bei Studenten, die gediegen ausgehen wollen. Und die frischgepressten Säfte im Cocktail helfen vielleicht, den Kater im Zaum zu halten. *18 Andringa Street | facebook: Balboa Balcony Bar*

WELLNESS

THE SPA @ CLOS MALVERNE

Massage, Weinprobe, Maniküre – oder Weinprobe, Massage, Weinprobe? Egal, denn auf der Weinfarm *Clos Malverne* kann man gut den ganzen Tag vertrödeln – nicht zuletzt dank des Spas mit Pool und tollem Ausblick. Und wer ein Wellness-Package (ab 870 Rand) bucht, bekommt eine Flasche Wein gleich kostenlos dazu. *Devon Valley Road | Tel. 02 18 65 20 22 | closmalverne.co.za/spa | X0*

RUND UM STELLENBOSCH

6 WEINFARM SPIER

9 km von Stellenbosch / 10 Min. (Auto)

In Stellenbosch dreht sich alles um Wein – da ist es nicht verwunderlich, dass auch eines der beliebtesten Ziele für Familien ein Weingut ist. Während die Eltern die guten Tropfen verkosten oder sich in einem der drei Restaurants den Bauch vollschlagen, gehen Kinder in den angeschlossenen Raubvogelzoo zum Eulenstreicheln oder erkunden (ab 12 J.) mit dem Segway die Weinberge. Außerdem verkaufen Händler von Oktober bis Mai auf der Farm Kunsthandwerk. Übernachten kann man im farmeigenen Hotel. *An der R310 | Tel. 02 18 09 11 00 | spier.co.za | X0*

WEINTOUR

Rund um Stellenbosch gibt es mehr als 100 Weingüter zu testen. Stellt sich die erste Frage: in welcher Reihenfolge abfahren? Auskunft: *Stellenbosch Wine Routes (36 Market Street | Tel. 02 18 82 90 63 | wineroute.co.za).* Und dann die zweite: WER fährt? *Social Trekking (Tel. 06 09 93 59 86 | socialtrekking.co.za)* nimmt die Verkoster individuell und exklusiv bei der Hand, und beim *Vine Hopper* wird das Unternehmen Weinprobe einfach zur Hop-On-/Hop-Off-Tour *(Tel. 02 18 82 81 12 | vinehopper.co.za).* Der Shuttle klappert Stellenbosch auf drei verschiedenen Routen ab. Für Weinliebhaber gibt's einen Zwei-Tage-Pass. *D8*

INSIDER-TIPP
Auf'n Sprung

PAARL

(D8) **Paarl (112 000 Ew.) ist die größte Stadt im Weinland. Ihr Name kommt von einem Felsen, der bei einem bestimmten Sonnenstand wie eine Perle schimmert.** Die jüngste Sprache der Welt, Afrikaans, wurde hier 1875 vorgestellt. Das Sprachendenkmal erinnert daran. Nelson Mandela kam 1990 aus dem Gefängnis *Victor Verster,* das heute *Groot Drakenstein Prison* heißt, frei.

SIGHTSEEING

AFRIKAANS SPRACHDENKMAL

Es sieht aus wie das Tor zu einer Weltraumzivilisation und verbildlicht, wie

Die Bedeutung erschließt sich nicht auf den ersten Blick: Afrikaans-Denkmal in Paarl

viele Sprachen zu Afrikaans verschmolzen. Auf jeden Fall einen Fotostopp wert. *April–Nov. 8–17, Dez.–März 8–20 Uhr | Eintritt 30 Rand | Gabbema Doordrift Street | ⏲ 1 Std.*

SPICEROUTE ★

Vermutlich der Berg, den Gourmets am liebsten besteigen. Auf dem Gutsgelände gibt es an jeder Ecke feste wie flüssige Köstlichkeiten von lokalen Produzenten (Bier, Wein, Biltong, Schokolade u.v.m.), daneben dekoratives Zubehör – und das passende Panorama, um den Blick genießerisch in die Ferne schweifen zu lassen. *Tgl. 9–17 Uhr | Suid Agter Paarl Road | Tel. 02 18 63 52 00 | pearlmountain.co.za | spiceroute.co.za | ⏲ 3 Std.*

ESSEN & TRINKEN

BLACKSMITH'S KITCHEN

Wo ein Schmied einst seine Eisen zum Glühen brachte, holt der Koch heute die Kartoffeln (und anderes) aus dem Feuer, um sie in einem hübschen Innenhof vor großer Paarl-Kulisse megalecker anzurichten. *Pearl Mountain Weingut | Bo Lang Street | Tel. 02 18 70 15 50 | €€*

NOOP

Das Kochehepaar Zian und Mariëtte versucht es in seinem filigranen historischen Haus einfach zu halten: einfach gut. Etwas für besondere Anlässe. *127 Main Street | Tel. 02 18 63 39 25 | noop.co.za | €€*

RUND UM PAARL

7 WILDERER DISTILLERY

7 km von Paarl / 10 Min. (Auto)

Zwischen Paarl und Franschhoek braut der Deutsche Helmut Wilderer auf ei-

Traditionelles Anbaugebiet: Weinlese an der Garden Route

ner kleinen Farm die besten Schnäpse der ganzen Kapregion. Im Restaurant der Destillerie *(Di–Sa 11.30–21, So 11.30–17 Uhr | Tel. 02 18 63 35 55 | wilderer.co.za | €€)* wird ein leichtes Mittagessen angeboten. *An der R 45 |* *D8*

8 WELLINGTON

14 km von Paarl / 20 Min. (Auto)

Das verträumte viktorianische Städtchen (55 000 Ew.) wurde erst 1840 gegründet, und ist vor allem wegen der *Wellington Wine Route* attraktiv. Auf dem historischen Weingut *Doolhof* wurde das prächtige Herrenhaus zum Landhotel *Grand Dédale (granddedale.com | €€€)* umgebaut. Ein Paradies für Weinlieber und Sportbegeisterte, denn vom Reiten bis zum Rafting wird vieles geboten. Wer faul sein möchte, bleibt am Pool oder sitzt auf der Terrasse hinter klassizistischen Säulen. *D8*

FRANSCHHOEK

(D8) **Eat-Drink-Sleep. So lautet das Motto von Franschhoek. Oder war es Sleep-Eat-Drink?**

Egal, der kleine Ort (16 000 Ew.) ruft Tagträume vom Aussteigen hervor. In den letzten Jahren hat sich die Zahl der Cafés, Läden und Restaurants verdreifacht, und ein Spot für den Sonnenuntergang mit Sauvignon Blanc findet sich immer. Gegründet wurde Franschhoek 1688 von Hugenotten, die ihre Heimat Frankreich verlassen mussten. Beim Anblick des fruchtbaren Tals wussten sie aber gleich etwas mit sich und ihren Weinbaukünsten anzufangen. Viele Weingüter tragen heute noch französische Namen. Die Auswahl ist groß – genauso wie bei der Sterneküche zum Wein.

SIGHTSEEING

FRANSCHHOEK MOTOR MUSEUM

Immer nur trinken ist ja nicht gesund. Eine Stippvisite bei mehr als 200 der schönsten Oldtimer bringt Abwechslung. Und eine Weinprobe kann man auch hier gleich anschließen, denn das Museum liegt auf der Farm *L'Ormarins. Mo–Fr 10–17, Sa/So 10–16 Uhr | Eintritt 80 Rand | 1,5 Std.*

FARM SANCTUARY SA

Kennst du Pigcasso? Sie ist die bekannteste Kunstsau der Welt! Ihre bunten, abstrakten Gemälde verkauft sie teuer – oder besser gesagt ihre Ziehmutter, Joanne Lefson. Du kannst die Schweinedame in ihrem Atelier besuchen. *So 11–15 Uhr, Juli–Sept. nach Vereinbarung | Eintritt frei | Dirkie Uys Street | Tel. 08 47 35 33 03 | farmsanctuarysa.org | 40 Min.*

FRANSCHHOEK PASS

Hinter Franschhoek beginnt der schönste Bergpass der Gegend. Er bietet eine tolle Aussicht übers Wein- und Obstland. Die ersten Siedler nannten ihn Elefantenpass, weil Tierherden hier über den Berg zogen. Auch Franschhoek war damals noch unter dem Namen Olifantshoek bekannt.

ESSEN & TRINKEN

CHEFS WAREHOUSE AT MAISON

Wo der Koch auch Rockstar oder Surfer sein könnte; Gewinner sitzen auf der Terrasse. Unbedingt probieren: die Tapas, eine bunte Mischung aus aller Welt. Teuer, aber egal, Urlaub! *Maison Wine Estate | Tel. 02 18 76 21 16 | maisonestate.co.za/restaurant | €€€*

LA PETITE FERME

Das Weingut ist weder klein noch versteckt, die Küche klassisch, und die Einkehr toll, wenn die Sonne untergeht. Einen schöneren Blick gibt's nur noch auf dem Pass, aber da ist das mit dem Wein umständlicher. *Franschhoek Pass Road | Tel. 02 18 76 30 16 | lapetiteferme.co.za | €€€*

SHOPPEN

THE CERAMICS GALLERY

Der Töpfer David Walters lässt sich über die Schulter schauen, sein Haus ist Galerie und Werkstatt. *24 Dirkie Uys Street | davidwalters.co.za*

TSONGA

Endlich Schuhe und Taschen mit gutem Gewissen kaufen. 100 % südafrikanisch und von Zulu-Frauen handgefertigt. *40 Huguenot Street*

RUND UM FRANSCH-HOEK

9 BABYLONSTOREN

28 km von Franschhoek / 30 Min. (Auto)

Eine der ältesten Weinfarmen der Gegend. Im paradiesischen Garten wird der Natur wird so wenig wie möglich

Schöne Kulisse fürs neue Profilbild: Felsküste bei Hermanus

ins Handwerk gepfuscht, und morgens bringen Mitarbeiter die Tagesernte zum Restaurant *Babel (Tel. 02 18 63 38 52 | €€€)* und zum Bistro *Greenhouse (tgl. 10–16 Uhr | €€)*. Weine gibt's natürlich auch *(Probe Mo–So 10–17 Uhr)*. *D–E8*

HERMANUS

(D8) **Die Berge im Rücken, das Meer vor der Nase, das ist Hermanus (33 000 Ew.). Die Farmer, die den Ort im 19. Jh. gründeten, hätten sicher nie gedacht, dass man hier mal als Walschreier Geld verdienen könnte.**

So wird nämlich der Mann genannt, der von Juli bis Dezember mit einem Horn jede Wal-Sichtung verkündet. Denn dann machen die Glattwale *(Southern Right Whales)* die Walker Bay zu ihrer Kinderstube. Der Tourismus hat das Städtchen kommerzialisiert, trotzdem ist es ein gutes Basislager für die Erkundung der Gegend. Denn die Sandstrände und das Weingebiet Hemel en Aarde bleiben auch, wenn die Wale weiterziehen.

SIGHTSEEING

CLIFF PATH

Picknick einpacken, Schuhe schnüren und los – 12 km kannst du vom New Harbour, dem neuen Hafen im Westen, bis zum schönen *Grotto Beach* im Osten wandern. Dabei begegnest du wahrscheinlich Klippschliefern, hier Dassies genannt. Aber auch hier gilt: Nur gucken, nicht anfassen, denn die kleinen Verwandten der Elefanten können kräftig beißen. Zurück geht's dann am besten per Tuk-Tuk.

ESSEN & TRINKEN

BIENTANGS CAVE

Man sitzt spektakulär auf Felsen am Meer. Vorsicht vor herumtollenden Walen, die prusten bis ans Ufer! Spezialität: Fisch & Meeresfrüchte. *Unterhalb Marine Drive | Tel. 02 83 12 34 54 | bientangscave.com | €€*

THE CUCKOO TREE

Eines der Lokale, das die Einheimischen gern geheim halten. Klein und gemütlich, mit Gärtchen und Konzentration aufs Wesentliche: Küche wie bei Muddern, serviert mit Herzlichkeit! *155 Dirkie Uys Street | Tel. 02 83 12 34 30 | facebook: Cuckoo Tree Hermanus | €*

SPORT & SPASS

Nervenkitzel: Haifischtauchen ist ein besonderes Abenteuer. Bei *Marine Dynamics Shark Tours (Kleinbaai | Tel. 07 99 30 96 94 | sharkwatchsa.com)* werdet ihr dabei sogar von einem Meeresbiologen begleitet – Artenschutz für Mensch und Tier! Noch 'ne Nummer größer? Dann ran an die Wale, am besten mit den ökologisch korrekten *Dyer Island Cruises (Tel. 08 28 01 80 14 | whalewatchsa.com).*

RUND UM HERMANUS

10 STANFORD

24 km von Hermanus / 20 Min. (Auto)

Es gibt sie überall, die verträumten (Lebens-)Künstlerörtchen. Stanford ist einer davon. Ein paar Minuten hinter Hermanus schaltet man einen Gang runter und lässt sich von Gelüsten treiben. Ein Eis? Beim Exilitaliener *Don Gelato!* Lecker Lunch? Bei *Tikka Palace (19 Queen Victoria Street | Tel. 07 61 01 87 38 | €).* Und schon wieder durstig? Zum Weingut *Springfontein* gehört das Restaurant des deutschen Sternekochs Jürgen Schneider. Das Kochen hat er nicht verlernt, nur zwischen Reben und Bergen ist einfach mehr Freiheit dabei. Deutsche Hausmannskost sucht man hier allerdings vergeblich; stattdessen experimentiert der Chef gerne mit Molekularküche – das Ergebnis kann sich sehen und schmecken lassen. Und auch die Weine (Petit Verdot!) der Farm gehören zu den besten der Region und haben mehrere Auszeichnungen gewonnen. *Tel. 02 83 41 06 51 | springfontein.co.za | €€€ | E8*

INSIDER-TIPP Springbock-Carpaccio

11 STONY POINT PINGUINKOLONIE

52 km von Hermanus / 50 Min. (Auto)

Eine Pinguinfamilie auf den Klippen. Weit weniger überlaufen als die Kolonie am Kap der Guten Hoffnung, und auch die Tierchen selbst scheinen hier gleich relaxter – und fotogener zu sein. *Stony Point Nature Reserve | Betty's Bay | Eintritt 20 Rand | 1 Std. | D8*

SCHÖNER SCHLAFEN IN KAPSTADTS UMGEBUNG

Old Mac Daddy

... had a farm. Und auf der kannst du originell übernachten: in silbern glänzenden US-Airstream-Wohnwagen aus den 60er-Jahren. Jeder hat ein eigenes Motto („Give Bees a Chance") und ist entsprechend eingerichtet. Den Luxus von Minibar und Klimaanlage gibt's trotz Camperfeeling in der Natur zwischen Hermanus und Stellenbosch. *Elgin Valley Road | Tel. 02 18 44 02 41 | oldmacdaddy.co.za | €€*

FREISTAAT

EIN KÖNIGREICH FÜR EIN FARMLAND

Der Freistaat ist Burenland. Die Afrikaaner-Bauern besitzen den größten Teil des Landes und farmen, was das Zeug hält.Beim Roadtrip übers Hochplateau, auf dem die Provinz liegt, kann der Beifahrer die Augen zumachen – die Landschaft verändert sich nicht wirklich.

Wie am Fließband ziehen Felder und Grasflächen vorbei. Zwischen Getreide und Mais liegt auf über 1000 m Höhe das Königreich Lesotho. Selbst Weltraumtouristen würden die Provinz übrigens erken-

Basotho-Viehhirten im Hochland

nen – bei Parys liegt der Vredefort-Krater, einer der größten Einschlagkrater der Erde. Davon wussten die Buren noch nichts, die sich als Voortrekker einst das Innere Südafrikas erschlossen. Dazu mussten sie den Oranje-Fluss überqueren – weshalb die Provinz bis zum Ende der Apartheid Oranje-Freistaat hieß. Ein Highlight liegt am Fuß der Maluti-Berge: der *Golden Gate Highlands National Park*. Und dann wäre da noch etwas: Der Freistaat ist von den Goldfields durchzogen, dem reichsten zusammenhängenden Goldgebiet der Welt.

FREISTAAT

MARCO POLO HIGHLIGHTS

★ **GOLDEN GATE HIGHLANDS NATIONAL PARK**
Beeindruckende Sandsteinfelsen ➤ S. 88

★ **LESOTHO**
Das Bergkönigreich liegt in Südafrika, ist aber unabhängig ➤ S. 86

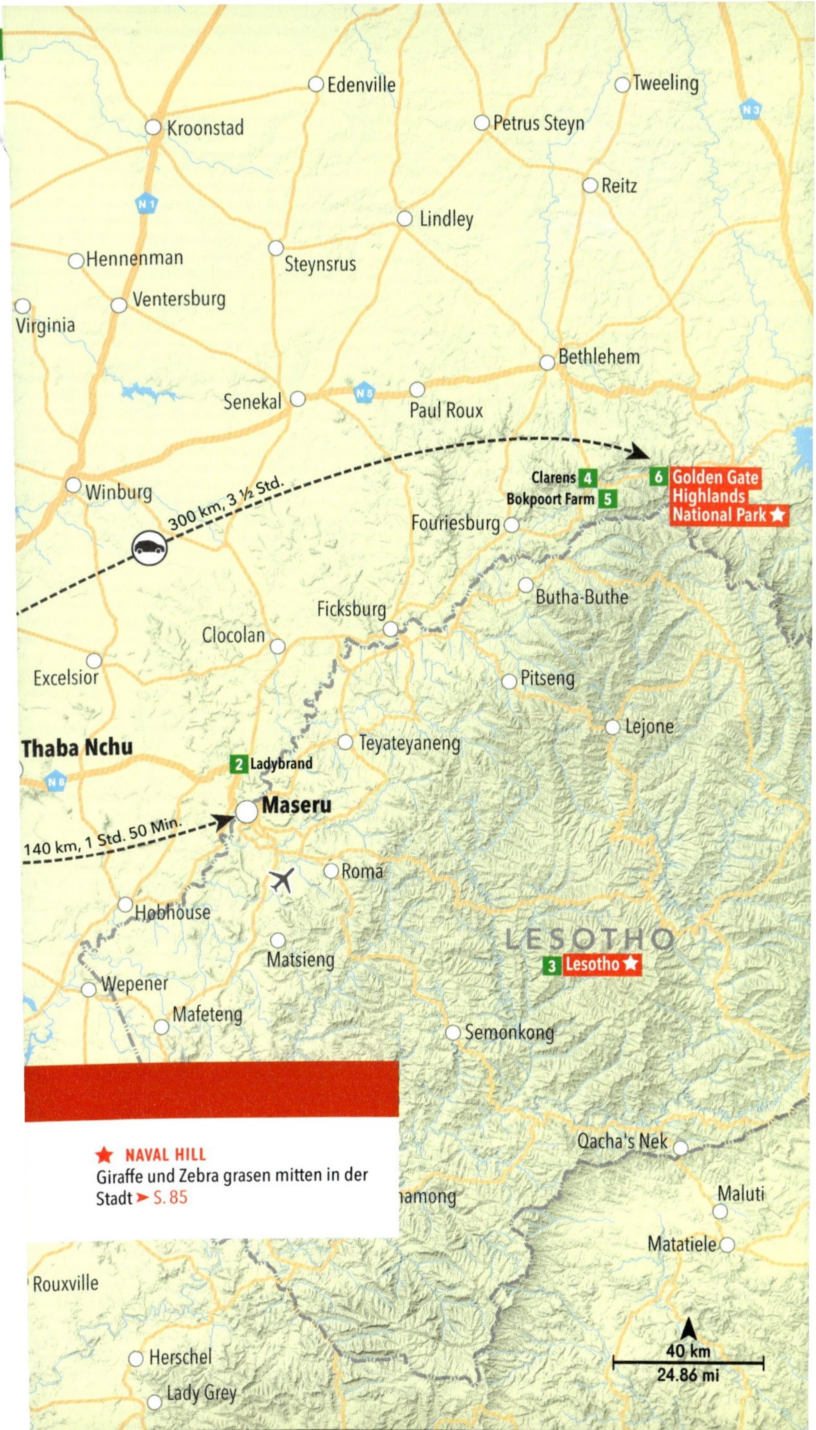

★ **NAVAL HILL**
Giraffe und Zebra grasen mitten in der Stadt ➤ S. 85

Weitblick: Mandela-Statue auf dem Naval Hill in Bloemfontein

BLOEMFONTEIN

(🕮 H5) **Bloemfontein (260 000 Ew.) ist die Hauptstadt des Freistaats, eine Studentenstadt und quasi das Karlsruhe Südafrikas. Denn hier sitzt der oberste Gerichtshof des Landes; das macht Bloemfontein neben Kapstadt und Pretoria zu einer wichtigen Stadt.**

Wegen seiner vielen Gärten und Parks wird Bloemfontein auch die Rosenstadt genannt: Auf 1400 m Höhe sind die Sommer nicht zu heiß und die Winter nicht zu kalt. Als der Voortrekker Johannes Brits hier 1840 seine Zelte aufschlug, gab es die Rosen zwar noch nicht, aber jede Menge anderer Blumen rund um eine Quelle. Daher der Name „Blumenquelle".

WOHIN ZUERST?

Der **Herzog Square** liegt mitten in der Stadt, umringt vom Rathaus, dem Nationalmuseum und dem Fourth Raadsaal. An der President Brand Street, die zum First Raadsaal führt, liegt der Oberste Gerichtshof. Parken kannst du in der President Brand Street.

SIGHTSEEING

ANGLO-BOER WAR MUSEUM

Dass sich Buren und Briten jahrelang die Köpfe eingeschlagen haben, könnte man auch mit einem Schulterzucken abtuen – ja und? Ja, viel! Der Lieblings-Geschichtslehrer könnte kaum besser über diese dramatische Zeit mit internationalen Verflechtungen erzählen als dieses spannende Museum. Tolles Fotomotiv: Der beeindruckende Obelisk, den der Oranje-Präsident Martinus Steyn hier zu Ehren aller Mütter und Ehefrauen, die die Last des Kriegs mittrugen, hochziehen ließ. *Mo–Fr 8–16.30, Sa 10–17, So 11–17 Uhr | Eintritt 20 Rand | Monument Road | wmbr.org.za | 1 Std.*

INSIDER-TIPP
Sinvolles Denkmal

NAVAL HILL ★

Der Name führt in die Irre: Hier kreuzen keine Schiffe, sondern Giraffen. Das auf dem Hügel liegende *Franklin Game Reserve* ist ein Wildpark mitten in der Stadt. Um die Tiere herum blickt es sich super in die Umgebung und im renovierten *Planetarium* auch in den Himmel. *Tgl. 8–17 Uhr | Eintritt frei | 1 Std.*

FREE STATE NATIONAL BOTANICAL GARDEN

Schon wieder ein botanischer Garten? Ja, aber auch der ist einen Besuch wert, allein wegen seiner vielen wild wachsenden Olivenbäume. Außerdem wächst hier der hübsche orange blühende Löwenschwanz. Der wird unter dem Namen „Wilder Dagga" von, naja, einigen Südafrikanern als Cannabis-Ersatz geraucht. Aber diese Info nur so am Rande ... *Mo–Fr 8–16.30, Sa/So 8–17 Uhr | Eintritt 25 Rand | Rayton Road | sanbi.org | 2 Std.*

ESSEN & TRINKEN

SEVEN ON KELLNER

Kreativ, bunt, gemütlich und fein im Detail. Wie das Interieur ist auch die Küche: Mittelmeer trifft auf nordafrikanische i-Tüpfelchen. Reservieren, dann wird's ein guter Abend! *7 Kellner Street | Tel. 05 14 47 79 28 | sevenonkellner.co.za | €€*

STEREO CAFÉ

Die Hipster haben es auch bis in die Mitte Südafrikas geschafft. Cooler kleiner Laden mit eigener Rösterei und Kunst im Milchschaum. *35 President Steyn Ave. | Tel. 05 14 30 11 35 | facebook: Stereo Café | €*

SPORT & SPASS

Kleine Pause von der sommerlichen Steppe nötig? Bloemfontein hat gleich zwei Freibäder, die ein paar kurzweilige Stunden versprechen. In der *Gwen Bali Waterworld (an der R 700)* flitzt man die Wellenrutschen hinab oder lässt sich im *Lazy River* treiben und dabei die Sonne auf den Bauch scheinen. Im *Maselspoort Resort (Mazelspoort Road | maselspoort.co.za)* locken die Super-Tube-Rutsche und eine Runde Minigolf.

WELLNESS

Preiswerter als im *Mont d'Or Day Spa* wird man seine Verspannungen nirgendwo los. Eine 45-min. Hot-Stone-Anwendung gibt's bereits ab 280 Rand, eine halbe Stunde Nacken- und Rücken-Durchkneten ab 160 Rand.

Für Studenten, Paare und Mutter-Tochter-Gespanne bietet das Spa eigene Wellnesspakete an. Buchung erforderlich! *Monte Bello Estate, an der R 30 | Tel. 05 11 01 09 56 | montebelloestate.co.za*

RUND UM BLOEMFONTEIN

1 KOFFIEFONTEIN

140 km von Bloemfontein / 1,5 Std. (Auto)

Eine Steinsäule für die Voortrekker, Höhlenmalerei von San, das Grab des südafrikanischen Autors Etienne Leroux und ein Gedenkacker für Kriegsgefangene – in der Kleinstadt haben sich viele ein Denkmal setzen lassen – oder selbst hingepinselt. Aber am wichtigsten davon: die riesige Kaffekanne, die einen Wasserschwall in eine ebenso überdimensionale Tasse gießt. Grund: Der Ort wurde im 19. Jh. nach den Transportkutschern und ihrer Vorliebe für Kaffee benannt. Ehe sie mit ihrem Gespann weiterzogen, tranken sie hier erstmal eine kräftige Tasse. *H5*

2 LADYBRAND

140 km von Bloemfontein / 1 Std. 50 Min. (Auto)

Der Ort liegt gleich an der Grenze zu Lesotho in the middle of nowhere. Historische Sandsteinhäuser säumen breite Straßen – sehr ungewöhnlich für so eine Miniaturstadt. Ladybrand wurde 1867 als Verteidigungsposten der Afrikaaner gegen die Basotho-Völker gegründet. Heute profitiert man ganz friedlich vom regen Handel mit Lesotho. *J5*

3 LESOTHO ★

150 km von Bloemfontein / 2 Std. (Auto)

Das unabhängige Königreich inmitten einer Berglandschaft ist in etwa so groß wie Belgien. Hier leben seit Anfang des 19. Jhs. die Basotho. Das „Königreich im Himmel" oder „Dach Afrikas", wie Lesotho auch genannt wird, ist landschaftlich außergewöhnlich schön, aber touristisch wegen seiner Abgeschiedenheit nach wie vor unterentwickelt. Dass es immer wieder politische Unruhen gibt, hilft da nicht. Immerhin, der Spitzhut *mokorotlo* hat 2006 die kriegerischen Symbole in der Flagge ersetzt.

INSIDER-TIPP **Steile Sache**

Allradfreunde jauchzen beim *Sani-Pass,* der Mutter aller Passstraßen: 9 km lang schlängelt sie sich steil dem Ziel auf 2874 m Höhe entgegen – natürlich nicht geteert. Lesotho ist klein und hat vergleichsweise wenige Straßenkilometer. Doch Vorsicht: Wegen der zig Kurven und Bergpässe kann sich ein 200-km-Trip schon mal in einen Tagesausflug verwandeln! Deshalb sollte man sich beim Planen seine persönlichen Highlights herauspicken – oder viel Zeit einplanen. Jedenfalls sehenswert ist der *Katse-Staudamm*. Er versorgt Johannesburg und die Region mit Trinkwasser aus den Bergen. Vielen in

Basotho-Frau im Hochland von Lesotho, dem „Königreich im Himmel"

Basotho ist die Talsperre aber ein Gräuel, da für den Bau ganze Dörfer geflutet und die Bewohner umgesiedelt werden mussten. Weiter im Landesinneren versteckt liegt das *Masitise Cave House*, das frühere Wohnhaus von David Ellenberger: Der Schweizer Missionar muss mutig gewesen sein; er ließ die Familienunterkunft kurzerhand unter einem Felsvorsprung errichten. Noch heute wundert man sich, wie die Hütte den Steinmassen standhält. Weiter innen im Bergkönigreich liegt die *Malealea Lodge* als idealer Ausgangspunkt für Ponytrekking in den Bergen (von Maseru über Motsekuoa nach Malealea). Das *Thaba Bosiu Cultural Village (thevillage.co.ls | 2 Std.)* bei der Hauptstadt Maseru liegt schon etwas näher am Geschehen und gibt einen Einblick in den Alltag und die Geschichte der Basotho. Im traditionellen Sotho-Dorf, einem Freiluftmuseum, kann man mithilfe eines Medizinmannes Kontakt zu seinen Ahnen aufnehmen. Nach ein paar Schlucken vom selbstgebrauten Bier klappt das bestimmt. *J–K 5–6*

4 CLARENS

280 km von Bloemfontein / 3 Std. (Auto)

Der kleine Ort ist ideal für einen Zwischenstopp auf dem Weg zum *Golden Gate Highlands National Park*. Die Bewohner sind zumeist Afrikaaner, Künstler oder beides gleichzeitig. Am besten lässt sich das Dorfleben in den kleinen Galerien an der Main Street beobachten und analysieren. Oder aber aus der *Clarens Brewery* heraus – bei einem der leckeren Craft-Biere. Ein

Interessante kleine Läden: Windmill Centre im Künstlerdorf Clarence

leckeres Essen ist bei *Clementines (Church Street | Tel. 05 82 56 16 16 | clementines.co.za | €€)* garantiert. Danach ab ins *Purple Onion Deli (Windmill Centre, Main Street | Tel. 05 82 56 18 98)*: Nach einem Cappuccino auf der Veranda gibt es hier Schränke voll selbstgemachter Konfitüren, Pralinen und kulinarischer Minikunstwerke zu entdecken. *K5*

INSIDER-TIPP
Pralinen von Tanta Emma

5 BOKPOORT FARM

290 km von Bloemfontein / 3 Std. 10 Min. (Auto)

Achtung Cowboys and -girls: Nur 20 Min. von Clarens entfernt gibt's zwei Tage Reiten all-inclusive für gerade mal 2500 Rand. Im Western Style geht's durch einen Wildpark in die Bergkette an der Grenze zu Lesotho. Übernachtet wird in einer Berghütte. Ein Geländewagen bringt Bettzeug und Verpflegung. Ihr seid nur auf der Durchfahrt? Die Chef-Cowboys bieten auch zweistündige Sundowner-Ritte oder Tagesausflüge an. Vorbuchen! *R 712 bei Clarens | Tel. 08 37 44 42 45 | bokpoort.com | K5*

6 GOLDEN GATE HIGHLANDS NATIONAL PARK ★

300 km von Bloemfontein / 3,5 Std. (Auto)

Das Naturschutzgebiet der Golden Gate Highlands verdankt seinen Namen den großartigen Sandsteinfelsen, die im Licht der Sonne wunderbar golden schimmern. Hinter dem Nationalpark beginnen die Maluti-Berge. Auf 120 km² leben hier in spektakulärer

Umgebung viele Tiere. Adler machen es sich z. B. zwischen Felsen gemütlich. Im Park gibt es zwei einfache Camps, in denen Hütten vermietet werden, und für etwas höhere Ansprüche das *Golden Gate Hotel (54 Zi. | €€). R 49 zwischen Bethlehem und Harrismith | tgl. 24 Std. geöffnet | Eintritt 176 Rand | Tel. 05 82 55 10 00 | ⏲ 5 Std. | K5*

Im Nationalpark könnt ihr auch einen Ausflug in die frühe Basotho-Kultur unternehmen: Im *Basotho Cultural Village (Mo–Fr 8–17, Sa/So 8.30–17 Uhr | Eintritt und Führung 216 Rand | ⏲ 1,5 Std.)* sind Rundhütten, Tierfelle und Geisterheiler zu bewundern. Auch das Übernachten im Dorf ist möglich, muss aber nicht sein.

7 WELKOM

150 km von Bloemfontein / 1,5 Std. (Auto)

Welkom ist das pulsierende Herz der Goldfelder. Die Stadt wurde auf dem Reißbrett geplant, und das merkt man. Es gibt keine Ampeln und nur ganz wenige Stoppstraßen – Kreisverkehr ist die Devise. Beliebt ist das *Siete's Restaurant (Rovers Club | 58 Tempest Road | Tel. 05 73 52 65 39 | facebook: Siete's Restaurant | €)*. Aufregend ist der Besuch einer der Goldminen. Da geht es bis zu 800 m tief hinunter. Eine Tagestour muss allerdings im Voraus über *Free State Tourism (Tel. 05 14 09 99 00 | freestatetourism.org)* gebucht werden. Eher luftig mögen es dagegen die rosafarbenen Gesellen, die sich am *Flamingo Lake* die Beine in den Bauch stehen und sich über Besuch freuen (na ja, vielleicht ...). Und was wäre eine Goldgräberstadt ohne ein Kasino? Moderne Glücksritter können sich an den Tischen und Spielautomaten des *Goldfields Kasino (Ecke Stateway/Buiten Street | Tel. 05 73 91 57 00 | tsogosun.com/goldfields-Kasino)* versuchen. *J4*

SCHÖNER SCHLAFEN IM FREISTAAT

RUHE SANFT IN MITTELERDE

J.R.R. Tolkien wurde in Bloemfontein geboren. Folgerichtig muss es ein Hotel geben, das seinen Gästen eine verspielte Version der Hobbithöhle bietet. Jedes Zimmer im *Hobbit Boutique Hotel* ist nach einem Helden aus dem „Herrn der Ringe" oder dem „Hobbit" benannt. Abends Vier-Gänge-Menü. *12 Zi. | 19 President Steyn Av. | Tel. 05 14 47 06 63 | hobbit.co.za | €€*

WINTERURLAUB IN AFRIKA

Das *Afriski Mountain Resort* ist der place to be, wenn das Thermometer unter null sinkt und die ersten Flocken fallen – oder aus der Schneekanone gepustet werden. Doch auch im Sommer ist das Angebot des Bergresorts in Lesotho beachtlich: Fliegenfischen, Mountainbiken, Geländeroller fahren, Motorradtouren über die Bergpässe u.v.m. Geschlafen wird in Almhütten mit Namen „Innsbruck", „St. Moritz" oder „Seefeld". *4 Gemeinschaftsräume, 2 Lodges, 13 Berghütten, 5 Ap. | Oxbow-Mapholaneng Road | Tel. 07 15 42 21 85 | afriski.net | €–€€€*

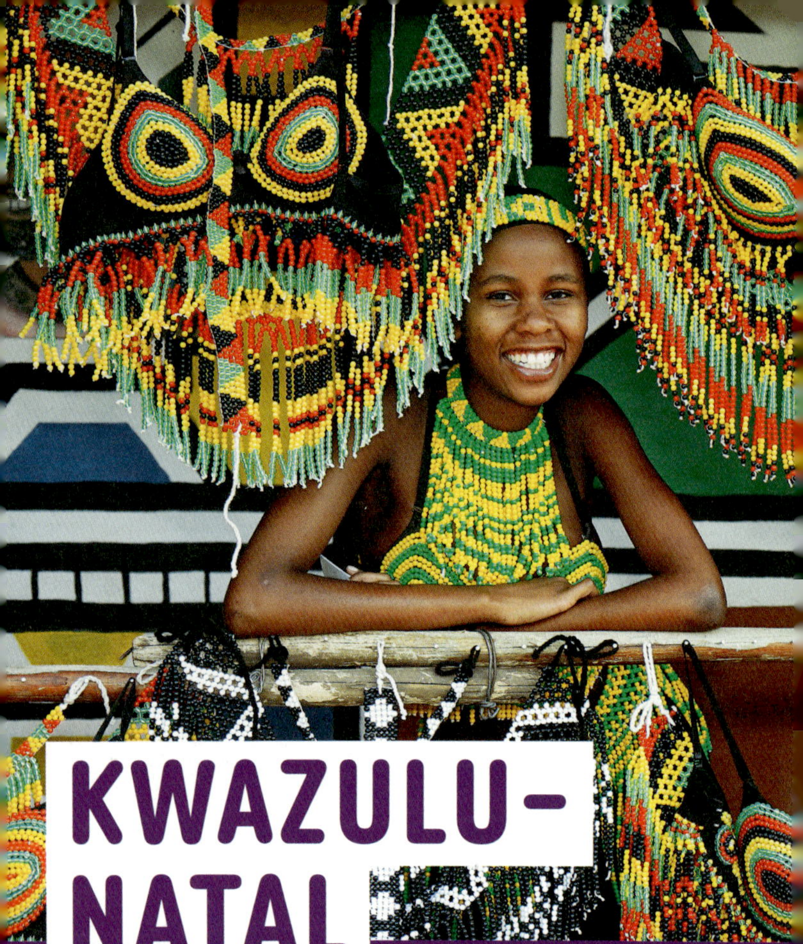

KWAZULU-NATAL

EINDEUTIG WAS FÜR WARMBADER

Südafrika im Ganzen hat ja schon sehr unterschiedliche Landschaften. Aber Kwazulu-Natal ist ein kleiner Mikrokosmos: Mogli würde sich hier genauso zu Hause fühlen wie Robinson Crusoe oder Reinhold Messner.

Die Kulturmischung ist abenteuerlich – europäisch, afrikanisch, asiatisch. Was das Afrikanische angeht, kommt man um den Namen King Shaka nicht herum. Er ist der berühmteste Zulukönig aller Zeiten, ein großer Teil von KZN, wie die Südafrikaner abkürzen, war das

Souvenirverkauf in Durban

Königreich Zululand. Wo Könige sind, sind auch Kriege, und so haben die Zulus die ersten Voortrekker zunächst nicht sehr gut behandelt. Die Rache der Buren kam prompt, sie mähten die Zuluarmeen am Blutfluss nieder und riefen eine Burenrepublik aus. Aber wie es so ist, am Ende freut sich der Dritte, denn: 1843 wurde das Gebiet britisch. Zu guter Letzt kommen auch noch die Inder in den Kulturtopf, denn an der Ostküste des Landes lebt die zahlenmäßig größte indische Bevölkerung außerhalb des asiatischen Subkontinents.

KWAZULU-NATAL

MARCO POLO HIGHLIGHTS

★ **MOSES MABHIDA STADIUM**
Architektonischer Jackpot direkt am Meer ➤ S. 95

★ **UMHLANGA ROCKS**
Hier braten Reich und Schön in der Mittagssonne ➤ S. 98

★ **USHAKA MARINE WORLD**
Delfinen zuschauen oder selbst ab ins Wasser? ➤ S. 95

★ **VALLEY OF A THOUSAND HILLS**
Ein Aussichtstraum von tausend-undeinem Hügel ➤ S. 98

★ **DRAKENSBERGE**
Die Alpen Südafrikas: Wanderern geht hier das Herz auf ➤ S. 101

★ **SWASILAND**
Zu Besuch bei König Mswati III., Afrikas letztem absolutem Monarchen ➤ S. 99

eSWATINI
Nhlangano
5 Swasiland
Ingwavuma
N2
Hluti
Bambanandi
Golela
Pongola
Jozini
Louwsburg
N2
SOUTH AFRICA
SUID - AFRIKA
Hluhluwe
iSimangaliso Wetland Park 4
3 Hluhluwe-Imfolozi Park
Ulundi
Mtubatuba
Melmoth
240 km, 3 Std.
Empangeni
Richards Bay
Eshowe
N2
KwaDukuza (Stanger)
INDIAN
OCEAN
Chakaskraal
Tongaat
Shaka's Rock
1 Umhlanga Rocks
Durban
S. 94
Moses Mabhida Stadium
uShaka Marine World
Golden Mile
40 km
24.86 mi

DURBAN

(□ L6) **Der Zuluname für Durban (600 000 Ew.) ist Thekwini und bedeutet „Da, wo die Lagune ist". Und weil der Indische Ozean so schön warm ist und die Strände so schön weiß sind, ist Durban das Urlaubsmekka der Südafrikaner.**

An 300 Tagen im Jahr scheint die Sonne. Wer heute in diese pulsierende Hafenstadt kommt, kann sich nicht vorstellen, dass hier vor 150 Jahren nichts anderes war als Urwald.

Ende 1497 sah Vasco da Gama dieses paradiesische Land auf seinem Weg nach Asien zum ersten Mal. Da es Weihnachten war, nannte er es Natal (Portugiesisch für „Weihnachten"). Erst 1835 wurde die Siedlung in Durban umbenannt, nach Sir Benjamin D'Urban, der britischer Gouverneur am Kap war. Viele Einwohner Durbans

hier – die *Big Five* und natürlich auch noch ein paar andere Tiere der Savanne sehen. Der Park wurde bereits 1895 eingerichtet und ist damit das älteste Wildreservat Afrikas. *Tgl. Nov.–Feb. 5–19, März–Okt. 6–18 Uhr | Eintritt 210 Rand | kznwildlife.com | ◫ L–M4*

4 ISIMANGALISO WETLAND PARK

230 km von Durban / 2,5 Std. (Auto)
Der Park hat fünf Ökosysteme (Seen, Meer, Dünen, Savanne, Sümpfe), erstreckt sich entlang des Indischen Ozeans und ist Unesco-Weltnaturerbe. Die Savanne kannst du bei einem Game Drive, auf dem Pferderücken oder auf einer geführten Buschtour erkunden. Krokodilen und Flusspferden blickst du bei einer Bootstour ins Auge, und für Taucher gibt es geführte Unterwassertouren in den rosaroten Korallenriffen der *Sodwana Bay*. *Tgl. 6–18 Uhr | Eintritt 53 Rand/P. und 58 Rand fürs Auto | ◫ M4*

INSIDER-TIPP
Bunte Badewanne

5 SWASILAND ★

500 km von Durban / 6 Std. (Auto)
Eigentlich hat der König seine Monarchie 2018 in eSwatini umbenannt – den Swasinamen benutzt aber kaum jemand. Das winzige Bergland ist die letzte absolute Monarchie der Welt. König Mswati III. regiert mit eiserner Hand, was potentielle Besucher erstmal zögern lässt. Doch seine Untertanen sind unfassbar herzlich, und die Landschaft, in der sich rote Erde mit Tropenwäldern abwechselt, ist unfassbar schön. Der Zwergstaat hat drei Nationalparks, in denen man auf die Big Five trifft *(biggameparks.org)*, und in kleinen Eco-Lodges kann man am Dorfleben teilhaben. Einen Einblick in die Traditionen und das Leben der Swasis gibt das *Mantenga Cultural Village* zwischen der Hauptstadt Mbabane und Manzini. *◫ L–M 3–4*

PIETERMARITZBURG

(◫ L5) **In einem der mutmaßlich tausend Täler liegt, von grünen Hügeln umgeben, Pietermaritzburg (250 000 Ew.).**

So viele viktorianische Gebäude wie hier gibt es sonst nirgends in Südafrika. Wer es mit Geschichte nicht so hat, kommt für den Sport: In Pietermaritzburg endet der *Comrades Marathon*, und das weltweit größte Freiwasser-Schwimmevent, die *Midmar Mile*, findet auch gleich um die Ecke statt.

SIGHTSEEING

OLD PRISON/PROJECT GATEWAY

Nelson Mandela und Mahatma Gandhi waren die berühmtesten Insassen: Im Gefängnis von Pietermaritzburg ritzten politische Häftlinge die Namen ihrer Lieben in die Zellenwände. Wo einst Freiheitskämpfer verzweifelten, basteln heute junge Menschen an einem besseren Leben. Mitarbeiter des sozialen Hilfsprogramms führen durch die Zellen. *Mo–Fr 8–16 Uhr, Sa/So und Touren auf Anfrage | Eintritt 20*

The green hills of Africa: Panoramablick über die Drakensberge

Rand | 4 Burger St. | Tel. 03 38 45 04 00 | projectgateway.co.za | 1 Std.

TATHAM ART GALLERY

Von den jungen Wilden der südafrikanischen Kunstszene bis zu alten Meistern aus Europa ist alles dabei. *Chief Albert Luthuli Road | Di–So 9–17 Uhr | Eintritt frei | tatham.org.za | 1,5 h*

BUTTERFLIES OF AFRICA

Schmetterlinge im Gewächshaus, und draußen ein Schaugarten, der das Ziel hat, vermehrt Schmetterlinge ins urbane Leben zu integrieren. Exotisch, bunt – einen Besuch wert. *Mo–Sa 9–15.30, So 10.30–15.30 Uhr | Eintritt 48, Kinder 33 Rand | 37 Willowton Road | butterflies.co.za | 1 Std.*

ESSEN & TRINKEN

THE CAFE AT ROSEHURST

Hier bekommt ihr frische, leichte Gerichte und superleckeres hausgebackenes Roggenbrot. *239 Boom Street | Tel. 03 33 94 38 33 | €*

OLIVE AND OIL

Die griechische Besitzerfamilie bringt das Mittelmeer kulinarisch an den Indischen Ozean. Es gibt Seafood in üppigen Portionen. *Cascades Shopping Centre | 23 Mc Carthy Drive | Tel. 03 33 47 11 31 | €€*

RUND UM PIETERMARITZBURG

6 MIDLANDS MEANDER

80 km zwischen Pietermaritzburg und Mooi River

Die Gegend um die Nottingham Road ist vor allem ein optisches Fest. Shoppingbedürfnis und Hunger werden

aber auch gestillt. 150 Künstler, Kunsthandwerker und Gastronomen haben sich zu einer Eventmeile zusammengeschlossen. Die Route zwischen Pietermaritzburg und Mooi River verläuft beidseits der N 3 und ist gut beschildert. Daneben gibt's einige Museen, das interessanteste ist die *Mandela Capture Site (Tgl. 9–16 Uhr | Eintritt frei | R 103, Howick | thecapturesite.co.za | 40 Min.)*: Das ist jener Ort, an dem die Apartheidspolizei Mandela 1962 verhaftete. Die 9 m hohe Skulptur aus 50 Stahlpfeilern zeigt, im richtigen Winkel betrachtet, Mandelas Kopf und gibt ein tolles Fotomotiv. Weitere Infos: *midlandsmeander.co.za* | *K5*

INSIDER-TIPP
Geschichte im Nirgendwo

7 DRAKENSBERGE ★

100 km von Pietermaritzburg / 2 Std. (Auto)

Die Drakensberge sind das höchste Gebirge im südlichen Afrika. Schon beim Wandern im *Royal Natal National Park* fühlt man sich sehr erhaben, vor allem, wenn man vor dem sogenannten Amphitheater steht – einer Felsformation, für die nur Giganten ein Abo bekommen. Unbedingt machen, falls du schwindelfrei bist: die Wanderung zum ca. 3000 m hohen *Sentinel Peak* (Start bei ca. 2500 m). Aber Achtung: Es geht u. a. über eine Stahlleiter 40 m senkrecht nach oben! *J–L 4–6*

SCHÖNER SCHLAFEN IN KWAZULU-NATAL

ZU GAST IM KÖNIGREICH

In Swasiland, nur 10 Min. von der Hauptstadt Mbabane entfernt, hat die Serbin Veki mit *Veki's Village* ein kleines Paradies geschaffen: Selbstversorger-Apartments teilen sich einen Berghang mit tropischen Farnen und Bäumen. Der Ausblick aufs Tal ist fabelhaft, und das Wasser kommt aus der eigenen Bergquelle. *Mountain Drive, Plot 881 | Fontain | Tel. +268 76 03 63 96 | vekisvillage.com | €€*

DESIGNERHERBERGE

Vier historische Bungalows wurden entkernt und von Designern mit modernem Innenleben kreativ gefüllt. Die beste Adresse im Durbaner Trendviertel Morningside. Das Frühstück kommt aus dem angeschlossenen Hipstercafé. *37–43 St. Mary's Av. | Tel. 03 13 09 44 34 | facebook: The Concierge Boutique Bungalows | €€*

NORD-PROVINZEN

WIRTSCHAFTSMOTOR UND SAFARIPARADIES

Wenn das Flugzeug frühmorgens dem Highveld, also dem Hochplateau von Johannesburg, entgegensinkt, zahlt sich der Fensterplatz wirklich aus. Der Sonnenaufgang macht warm ums Herz, und immer wieder blitzt die rötliche Erde auf.

Den Norden Südafrikas haben die Weißen zuletzt besiedelt. Johannesburg ist erst gut 130 Jahre alt und das benachbarte Pretoria nur ein paar Jahrzehnte älter. Die Nordprovinzen wurden Mitte des 19. Jhs. gegründet von den Buren, die von den Engländern aus dem

Nächtliche Skyline von Johannesburg, Geschäftsviertel Sandton

Kap vertrieben worden waren. 1886 stießen Glücksritter auf Gold. Das blieb nicht lange geheim, und der Goldrausch lockte Tausende von Abenteurern an. Noch heute ist Pretoria Regierungssitz, Johannesburg der wirtschaftliche Motor im Süden Afrikas. Landschaftlich am abwechslungsreichsten ist die Provinz Mpumalanga. Highlight dieser Region ist der Kruger-Nationalpark. Die Provinz North West ist eine der ärmsten Südafrikas. Dabei liegt hier ein kleines Las Vegas: die abstruse Vergnügungswelt Sun City.

NORDPROVINZEN

MARCO POLO HIGHLIGHTS

★ **SOWETO**
Sehen und verstehen, wie Millionen Südafrikaner leben ➤ S. 109

★ **SUN CITY**
Kaum zu glauben: Vergnügungswelt mit Kasino mitten im Busch ➤ S. 113

★ **APARTHEID MUSEUM**
Schauriger Einblick in Südafrikas Vergangenheit ➤ S. 107

★ **VOORTREKKER MONUMENT**
Gigantischer Steinklotz und Machtsymbol der Buren ➤ S. 114

★ **UNION BUILDINGS**
Vor dem Regierungspalast grüßt Nelson Mandela ➤ S. 114

★ **THE CRADLE OF HUMANKIND NATURE RESERVE**
Besuch an der Wiege der Menschheit
➤ S. 113

★ **KRUGER NATIONAL PARK**
Wohl das schönste, sicher das berühmteste Wildreservat der Welt
➤ S. 118

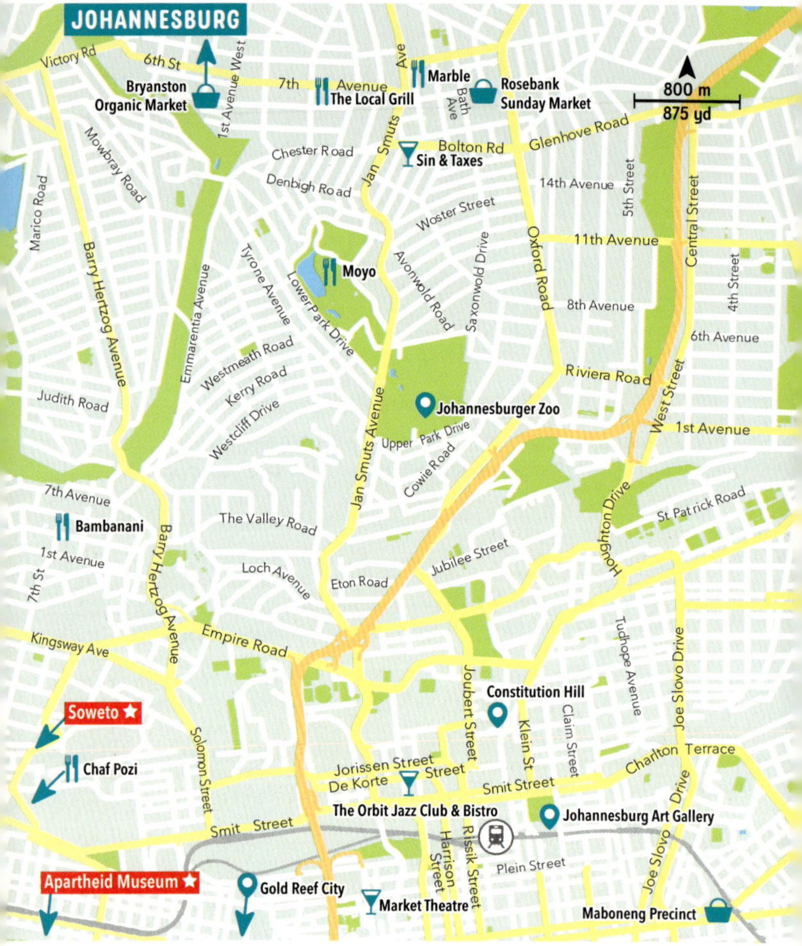

JOHANNES-BURG

(📖 J–K3) **Johannesburg, die größte Stadt Südfrikas (4,5 Mio. Ew.), hat viele Namen: Joburg, Jozi, eGoli (letzterer wegen des Goldes). Aber Johannesburg hat ein Problem: seinen schlechten Ruf. Dabei passieren hier statistisch gesehen weniger Morde als in Kapstadt, und die Neuerfindung der Stadt hat sie auf die Insiderlisten der globalen Hipster-Reisenden gesetzt.**

Die Kapstädter, die ewigen Konkurrenten, bezeichnen das Leben in Jo-

WOHIN ZUERST?

Hop on, Hop off – die roten Busse gibt's überall, aber in Johannesburg bieten sie die perfekte Einstiegstour! Los geht's an der Park Station Downtown oder an der Rosebank Mall im Norden. Panoramahalt am Carlton Centre, Bummeln in Newtown und Braamfontein. citysightseeing.co.za

hannesburg als hektisch und gehetzt, Europäer können da nur müde grinsen. Eins ist unbestritten: Mehr Afrika gibt es im Land nicht. Die Stadt zog und zieht seit ihrer Gründung 1886 Menschen aus aller Welt an, erst aus Europa, seit dem Ende der Apartheid auch vom eigenen Kontinent. Wie die ersten Goldgräber kommen sie heute noch alle, um in Johannesburg ihr Glück und das große Geld zu machen. Die Metropole ist das Handels- und Finanzzentrum mit der Börse, dem größten Flughafen, den breitesten Straßen und den höchsten Wolkenkratzern – und seit der Fußball-WM 2010 auch mit dem Schnellzug *Gautrain,* der die Strecke vom Flughafen nach Sandton in unter 15 Minuten fährt. Sandton wurde während der Apartheid so etwas wie das neue City Center, weil die historische Innenstadt verslumte. Das hat sich in den letzten Jahren geändert, Downtown ist wieder cool geworden. Tagsüber arbeiten hier die Banker und Angestellten, abends übernehmen in bestimmten Vierteln die Studenten, Künstler und Kreativen.

Allerdings – die Gegensätze, die Johannesburg seinen Ruf als Kriminalitäts-Hauptstadt eingebracht haben, sind überall sichtbar: Maßanzüge und Designerschuhe im neuesten In-Restaurant, Bettler an den Ampeln davor. Pappkartons als Betten in dunklen Gassen, hohe Mauern und Elektrozäune vor den grünen Großgrundstücken in den nördlichen Vororten. Rund um die Geschäftsviertel Rosebank und Sandton entsteht ein neues Business-Hochhaus nach dem anderen, während die Wände in den Townships immer noch meist aus Wellblech bestehen. Die Liste ist endlos. Aber bei allen Herausforderungen: Johannesburg ist auch für seine Offenheit und Freundlichkeit bekannt. Kein Wunder, seit dem ersten Goldfund strömten und strömen so viele unterschiedliche Menschen in die Stadt, dass hier niemand ein Fremder ist. Und noch eine Besonderheit: Johannesburg ist die einzige Millionenstadt der Welt, die nicht am Wasser liegt. Sie ist trotzdem immer weiter gewachsen, vom Zeltlager zur Megametropole.

SIGHTSEEING

APARTHEID MUSEUM ★

Schwarz? Weiß? Coloured? Der teils willkürlich gesetzte Unterschied hat Leben zerstört und hängt der Gesellschaft immer noch nach. Das moderne Museum ist sehr gut gemacht und riesig. Ein paar Stunden einplanen und Mut zur Lücke mitbringen! *Northern Parkway | Gold Reef Road | tgl. 9–17 Uhr | Eintritt 95 Rand | apartheidmuseum.org | 4 Std.*

Willkommenskultur: Mit diesem Wandbild begrüßt Soweto seine Besucher

GOLD REEF CITY

Gegenüber vom *Apartheid Museum* geht es im Vergnügungspark mit Kasino um die leichten Dinge des Lebens. Interessant ist die *Underground Tour* in die Stollen einer alten Goldmine. Oben steht Spaß im Mittelpunkt: Minigolf, Streichelzoo, Achterbahnen und ein 4D-Kino, in dem Kurzfilme dank hydraulischer Sitze, Nebelmaschinen und Duftimitationen erschreckend real werden. *Während der Schulferien tgl., sonst Mi–So 9.30–17 Uhr | Eintritt 125–215 Rand | Stadtautobahn M 1 in Richtung Süden, Ausfahrt Gold Reef City | tsogosun.com/gold-reef-city-Kasino*

INSIDER-TIPP
Kino mit allen Sinnen

CONSTITUTION HILL

Neben dem berüchtigten Gefängnis *Old Fort,* in dem Nelson Mandela einen Teil seiner Haftzeit verbrachte und auch Mahatma Ghandi schon einsaß, wurde das neue südafrikanische Verfassungsgericht gebaut. Im Gegensatz zu Gerichtsgebäuden im alten Südafrika ist es offen zugänglich, freundlich, warm und voller Kunst. Die Tour durchs alte Gefängnis ist gleichwohl ein intensives Erlebnis; danach hilft ein Rundgang entlang des alten Forts mit Blick über die Stadt beim Tiefdurchatmen. *Tgl. 9–17 Uhr | diverse Führungen, u.a. nachts oder als „Zeitreise" | Eintritt 80 Rand | 11 Kotze Street/Ecke Hospital Street | constitutionhill.org.za | 2 Std.*

JOHANNESBURG ART GALLERY

Die *Johannesburg Art Gallery* ist die größte Galerie im südlichen Afrika. Die Sammlung ist so groß, dass immer nur ein Zehntel der Werke ausgestellt werden kann. Das historische Gebäude – eines der wenigen Downtown – wurde 2015 renoviert und macht was her. *Di–So 10–17 Uhr | Eintritt frei | Ecke Klein und King George Street, Joubert Park | facebook: Johannesburg Art Gallery | 2 Std.*

SOWETO ★

Taxibusse hupen, aus Bretterbuden dröhnt House-Musik, und stille Ecken gibt's nicht. Warum auch – die Bewohner von Soweto sind stolz auf ihre Community, auf das blubbernde Straßenleben, das die menschenleeren Alleen und meterhohen Mauern der nördlichen Vororte ziemlich fad wirken lässt. Soweto steht für *South Western Townships,* einst ein Zusammenschluss aus Arbeitersiedlungen, in dem heute rund 4 Mio. Menschen leben. Auf der bekannten Vilakazi Street in Orlando West treffen sich Vergangenheit und Zukunft, Grausamkeit und Lebensfreude. Bei einer Tour liegt der erste Stopp ganz in der Nähe: das *Hector Pieterson Museum (8287 Khumalo Road | tgl. 10–17 Uhr | Eintritt 30 Rand | 40 Min).* Es erinnert an einen 14-Jährigen, der von der Polizei erschossen wurde, als er mit Hunderten anderen Schülern gegen Gesetze der Apartheid-Regierung protestierte. Der Weg zu den Restaurants und Kaffeebars am Ende der Vilakazi Street führt dann an den Häusern von gleich zwei Friedensnobelpreisträgern vorbei: Desmond Tutu und Nelson Mandela. Tutus Haus ist privat, im *Mandela House (8115 Vilakazi Street | tgl. 9–16.45 Uhr | Eintritt 60 Rand | 30 Min)* macht man eine Zeitreise in die Fünfziger, als Tata Madiba – wie er von den Südafrikanern liebevoll genannt wird – hier lebte *(Moafrika Tours (sowetotour.co.za).*

Noch vor ein paar Jahren haben sich nur eine Handvoll Mutige hinter geschlossenen Busfenstern hergewagt, jetzt muss man aufpassen, dass einen nicht singende Touristen auf Rädern über den Haufen fahren. Bei den Radtouren *(2 oder 4 Std. | 470–580 Rand | sowetobackpackers.co.za),* die Lebo und seine schwedische Frau Maria organisieren, zeigen junge lokale Führer die verschiedenen Facetten vom Leben im Township. Danach sind Magen, Herz und Seele bestens gestärkt. Und wenn man schon mal hier und einem Bierchen nicht abgeneigt ist, sollte man das lokal Gebraute auch probieren: *Soweto Gold* ist Craft Beer, vergoren von Braumeister Ndumiso Madlala im Township. Bierverkostungen und Essen gibt es u. a. im *Ubuntu Kraal Beergarden. Tgl. ab 10 Uhr | 111 846 Senokoanyana Street | sowetobrewing.co.za*

INSIDER-TIPP
Biergarten auf Afrikanisch

JOHANNESBURGER ZOO

Über 300 Tierarten werden im Johannesburger Zoo gehalten: Wer die Big Five in freier Wildbahn nicht gesehen hat, kann das hier nachholen. Es werden auch Führungen bei Nacht angeboten. *Tgl. 8.30–17.30 Uhr | Eintritt 90, Kinder 55 Rand | Jan Smuts Av., Parkview | jhbzoo.org.za | 4 Std.*

ESSEN & TRINKEN

CHAF POZI

Am Fuß der mit Graffiti besprühten Orlando Towers gibt's typisches *Shiza Nyama:* Grillfleisch mit Maisbrei und Chakalaka-Salat. Zum Fingerlecken, echt wahr! Unter der Woche ist es ruhig, am Wochenende rappelvoll, dazu Kwaito-Beats vom DJ. *Mo/Di geschl. | Ecke Chris Hani, Nicolas Street | Tel. 07 20 21 71 63 | chafpozi.co.za | €*

THE LOCAL GRILL

Südafrika ist Rinderland. Selbst den unglücklichsten Kühen geht's hier noch besser als dem europäischen Durchschnitt, und das schmeckt man! Geschäftsführer Steven ist ein Professor der reinen Rinderlehre, seine *Beef-Appreciation*-Kurse sorgen für Mhhhms und Aaaahs: Zwischen Vorspeise und Dessert lernen die Teilnehmer in einer Demoküche, wie man auf dem Grill das perfekte Steak gart. Zubereitet wird mit Himalaya-Salzplatten, zum Verkosten gibt's die verschiedensten Fleischsorten. *40 7th Av. Parktown North | Tel. 01 08 80 19 46 | localgrill.co.za | €€*

INSIDER-TIPP
In der Steakschule

MARBLE

Das durchgestylteste Restaurant der Stadt. Allein das Design ist einen Besuch wert – dafür zahlt man aber auch mit. An einer Mega-Feuerstelle wird alles gegrillt, was Namen und Aroma hat. Die Bar überzeugt mit der coolsten Crowd und einem Loungeblick über den grünen Norden Joburgs. Das ganze Trumpet-Gebäude ist ein einziger geschmackvoller Kunstbunker. *Ecke Keyes und Jellicoe Av. | Tel. 01 05 94 55 50 | marble.restaurant | €€*

MOYO

Traditionelle afrikanische Gerichte in einem Open-Air-Restaurant am Zoo Lake. Besonders schön zum Mittagessen. *1 Prince of Wales Drive | Tel. 01 16 46 00 58 | moyo.co.za | €€*

BAMBANANI

Die Kinder einfach mal abgeben? Hier kein Problem, das hübsche Café im Johannesburger Viertel Melville hat einen riesigen Innenhof zum Spielen, Klettern, Toben und Rutschen. Es gibt Babysitter, einen eigenen Raum für Playstation, Wii und Xbox, und für die Eltern: leckere Gerichte. Am Wochenende sehr voll, sonst entspannt. *85 4th Av. | Tel. 01 14 82 29 00 | bambanani.biz | €€*

SHOPPEN

BRYANSTON ORGANIC MARKET

Biodynamik, die Spaß macht. Seit 40 Jahren ein fester Eintrag im Kalender der bewusst lebenden Joburger. Neben Gemüse und schmackhaft verarbeiteten Tier- und Pflanzenprodukten gibt es jede Menge Selbstgemachtes: Schmuck, Cremes, Leder-Accessoires, Kunsthandwerk, Keramik und Kleidung. Oberstes Kriterium: nachhaltig und bio! *Do und Sa 9–15 Uhr | 40 Cul-*

Treffpunkt Maboneng Precinct: Bar im neuen Szenequartier

ross Road | bryanstonorganicmarket.co.za

MABONENG PRECINCT

Junge Investoren haben eine ehemalige No-Go-Area umgekrempelt. Das Ergebnis ist beeindruckend, kreativ und ein Lieblingsobjekt der internationalen Backpackerszene. Sonntags futtert man sich durch das Streetfood im *Arts-on-Main*-Komplex, trinkt ein Craft Bier von *Soweto Brew* und geht auf Entdeckungstour durch die vielen bunten Läden und Bars rund um Commissioner und Fox Street. *facebook: The Maboneng Precinct*

ROSEBANK SUNDAY MARKET

Afrikanisch-originell-selbstgemacht: Auf dem Parkhausdach der *Rosebank Mall* gibt es alles. Bei mehr als 200 Markt- und Essensständen verfliegt die Zeit. *So 9–16 Uhr | 50 Bath Av. | rosebanksundaymarket.co.za*

AUSGEHEN & FEIERN

MARKET THEATRE

Bei den Produktionen kann man nichts falsch machen, die Themen sind meist aktuell. Das Künstlerzentrum mit Buchladen, Galerie und Bar ist in den alten Markthallen untergebracht. Parken kann man nebenan in der *Newtown Junction Mall*, dort kann man im *Potato Shed (Tel. 01 05 90 61 33 | €)* auch gut vor der Show essen. *56 Margaret Mcingana Street | Tel. 01 18 32 16 41 | markettheatre.co.za*

THE ORBIT JAZZ CLUB & BISTRO

Eine feste Größe im Nachtleben im quirligen Viertel Braamfontein. Das

Las Vegas auf afrikanisch: Vergnügungskomplex Sun City

wohl bunteste Publikum der Stadt lauscht jeden Abend Livemusik, meist Jazz in verschiedensten Formen. *So/Mo geschl. | 81 De Korte Street | Tel. 01 13 39 66 45 | theorbit.co.za*

SIN & TAXES

Was früher der Barkeeper war, ist heute der „Mixologist" – so nennt sich der Cocktailfanatiker Julian Short. Seine Bar ist klein, gut versteckt (aber das gehört zum Spiel) und allerfeinst bestückt. *Ecke Bolton und Jan Smuts Road | Tel. 01 09 00 49 87 | facebook: Sin+Tax*

SPORT & SPASS

JOZI X

Freizeitpark, in dem sich alles um luftbefülltes Gummi dreht. Balanciere hoch oben auf dem Luftkissentrapez, lerne Leute beim Bubble-Fußball kennen oder, für Unerschrockene: Lass dich beim Zorbing in einer Riesenblase die 200 m lange Graspiste hinabrollen. Kinderhüpfburgen? Ja, die gibt's auch noch ... *51 Sloane St. | Bryanston | Eintritt 150 Rand | Tel. 0824562358 | jozix.co.za | Zorbing (nur Fr, So) zus. 150 Rand*

INSIDER-TIPP
Schleudertraum

WELLNESS

THE PYRAMID DAY SPA

Ruhige Atmosphäre und damit das willkommene Gegenteil von Johannesburgs hektischem Zentrum. Die Behandlungen sind preiswert, das Mittagessen ist bei Ganzkörpermassagen gleich mit inbegriffen. Buchung empfohlen! *96 Eloff Street | Village Deep | Tel. 01 14 93 55 26 | pyramiddayspa.co.za*

RUND UM JOHANNES-BURG

1 SUN CITY ★

190 km von Johannesburg / 2,5 Std. (Auto)

Nach zweieinhalb Stunden Autofahrt taucht das Vergnügungsparadies *Sun City,* das Las Vegas Südafrikas, wie eine Oase in der Wüste inmitten einer trockenen Buschlandschaft auf. Fata Morgana passt aber vielleicht besser: vier monumentale Hotels, ein Freizeitpark mit See und zwei Premium-Golfplätze wachsen da aus dem Nichts. Aber: Alles ist künstlich. Kein Wasserfall, keine Palme, kein Flamingo oder Papagei war hier, bevor es *Sun City* gab.

1979 wurde der Vergnügungswahnsinn des Unternehmers Sol Kerzner mit Kasino, Shows und Restaurants eröffnet und im Laufe der Zeit immer wieder erweitert. Ein schönes Beispiel der Doppelmoral des Apartheid-Staates. *Sun City* lag in einem Homeland, im Gegensatz zu den „weißen" Gebieten war hier Glücksspiel erlaubt, und es gab keine Rassentrennung, weil es Geld brachte. *Sun City* hat sogar einen eigenen Flughafen, der täglich von Johannesburg aus angeflogen wird. Ein Bus-Shuttle bringt Tagesbesucher vom Parkplatz am Eingang zu den Vergnügungsstätten. Etwa zum *Valley of Waves,* einem Wasserparadies in Dschungeloptik für Kinder wie Erwachsene. Bei einer der Rutschen geht's 17 m in die Tiefe, und in der *Roaring Lagoon* kommen alle paar Minuten Zwei-Meter-Wellen auf. Es gibt auch einen Fluss, auf dem man sich auf einem Reifen durch den Urwald treiben lässt, und einen Beachvolleyballplatz. Übernachtungsmöglichkeiten gibt es für jeden Geschmack und Geldbeutel. *Tel. 08 00 23 74 22 | suninternational.com/sun-city* | *J3*

2 THE CRADLE OF HUMANKIND NATURE RESERVE ★

60 km von Johannesburg / 1 Std. (Auto)

Es war einmal der Mensch ... Und hier hat alles angefangen. Die Unesco-Welterbestätte besteht aus verschiedenen Fundorten von frühen Vertretern unserer Art. Der älteste Fund, *Little Foot*, ist rund 3 Mio. Jahre alt. Erst 2015 wurde tief unter der Erde ein neues, ausgestorbenes Mitglied der Menschenfamilie entdeckt: der Homo Naledi. Besucher können verschiedene Teile der *Cradle* besuchen, das *Maropeng Visitor Centre (maropeng.co.za)* und die *Sterkfontein Caves.* Der Kombi-Eintritt kostet 190, für Kinder 125 Rand. Toller Lunch zum Verdauen der Infos: *Roots Restaurant (Letamo Game Estate | Tel. 011 668 70 00 | forumhomini.com | €€€).* *J3*

PRETORIA

(J-K3) **Pretoria (3 Mio. Ew.), heute Teil der Großgemeinde Tshwane, ist Hauptstadt – trotzdem belächeln die Johannesburger ihre Nachbarn.**

Vielleicht nur aus Rache, weil ihnen das Gleiche von den Kapstädtern angetan wird, vielleicht aber auch, weil es in Pretoria wirklich deutlich ruhiger und konservativer zugeht als im bunten Joburg. Aber: Pretoria hat mehr Jacaranda-Bäume, 70 000 sollen es sein. Wenn die im Oktober blühen, wirkt die Stadt wie ein lila Botanikertraum.

WOHIN ZUERST?

Ein guter Ausgangspunkt ist der **Burgerspark** an der Jacob Maré Street. Gegenüber ist das Melrose House, von dem man der Andries Street folgt bis zu Minnaar Street. Hier steht die City Hall, und einen Häuserblock entfernt in der Visagie Street ist, umgeben von einem anderen Park, das Cultural History Museum untergebracht. Parkplätze findest du z. B. in der Pretorius Street und Parkhäusern entlang der Francis Baard Street.

SIGHTSEEING

UNION BUILDINGS ★

Ganz schön majestätisch und architektonisch gekonnt. Der bekannte Architekt Sir Herbert Baker hat den Regierungssitz auf dem Meintjieskop Hügel 1910 gebaut, und damals hatte er sicher nicht gedacht, dass 84 Jahre später der erste schwarze Präsident hier seinen Amtseid ablegen würde. Mandela wurde nach seinem Tod auch eine Woche lang öffentlich in den Union Buildings aufgebahrt. Die Trauernden standen über mehrere der sehr hübsch angelegten Parkterrassen hinweg Schlange.

VOORTREKKER MONUMENT ★

Es wurde als Denkmal und Museum 1949 eingeweiht, im Andenken an die mutigen Buren, die mit ihren Ochsenwagen vom Kap ins Land zogen. Für die konservativen Afrikaaner war es lange Zeit das Symbol ihrer Macht. Heute tobt auf dem Hügel des klotzigen Monuments einmal im Monat das versöhnliche Musikfestival *Park Acoustics (parkacoustics.co.za).* Wer nur begrenzte Zeit in Pretoria hat, sollte sich nicht mit dem Museum im Keller aufhalten, sondern gleich auf das Dach des Monuments gehen. Von der Plattform oben hat man einen umwerfenden Ausblick auf Pretoria und die umliegende Steppe. *Eeufees Road | Groenkloof | tgl. Mai–Aug. 8–17, Sept.–April 8–18 Uhr | Eintritt 80 Rand | vtm.org.za | ⏲ 1 Std.*

INSIDER-TIPP **Weitblick**

ESSEN & TRINKEN

FERMIER

Lokal und saisonal, schon klar. Aber es geht noch ganzheitlicher! Z. B. in einem Neun-Gänge-Menü so viel vom Tier zu nutzen wie möglich. Das Konzeptlokal von Adriaan Maree wurde mit Bauschutt errichtet, das Innenleben von Handwerkern des Karoo Yard, eines Künstlerkollektivs nebenan, realisiert. *Ecke Albeth und Lynwood Road | Tel. 0760725261 | fermierrestaurant.com | €€€*

Der gute Geist Südafrikas: Mandela-Statue vor den Union Buildings

LA TERRASSE ROOFTOP CAFÉ

Nordafrika zu Besuch im Süden. Marokkanische Architektur, Farben, Gewürze und Gastfreundschaft in einem dicht eingewachsenen Garten – toll! *435 Atterbury Rd. | Tel. 012 346 57 13 | moroccanhouse.co.za | €*

SHOPPEN

ANTIQUE ROUTE 6

In Pretorias Antiquitätenläden versteckt sich oft Schönes. Auf der leicht abzufahrenden Route durchs historische Zentrum kann man kuriose Typen und ihre Sammlungen kennenlernen. *antiqueroute6pretoria.co.za*

CINNAMON LIFESTYLE & DESIGN

Etwas für alle, die schon alles haben, und die perfekten Ergänzungen dazu suchen. *Monument Park Shopping Centre, Shop 6 | 73 Skilpad Av.*

SPORT & SPASS

GROENKLOOF NATURE RESERVE

Flanieren und Joggen kann man herrlich in Pretorias Straßen, vor allem wenn die Jacaranda-Bäume in voller lila Blüte stehen. Aber da geht noch mehr: In diesem Naturreservat in unmittelbarer Stadtnähe kann es passieren, dass dir beim Joggen, Wandern oder Mountainbiken Giraffen, Strauße oder Zebras über den Weg laufen. Gibt's ein besseres Urlaubs-Selfie für Sportbegeisterte und Tierfreunde? Doch auch hier gilt: Bitte immer respektvollen Abstand einhalten, es bleiben Wildtiere! *Tgl. Sept.–April 5.30–19, Mai–Aug 7–18 Uhr | Eintritt 38, Kinder 22 Rand | Mountainbike für 2 Std. 200 Rand | Fountains Valley Resort*

INSIDER-TIPP
Safarifeeling beim Morgensport

Begehbare Flusslandschaft am Blyde River Canyon in Mpumalanga

WELLNESS

THE WATERS OF ROYAL MALEWANE BUSH SPA

Ein Schönheits- und Entspannungstempel mitten im Busch. Die *Royal Malewane Lodge* beim Kruger National Park verbindet ein herkömmliches Spa-Erlebnis mit alten afrikanischen Heilmethoden. Nachdem die südafrikanische Heilerde ihre Wirkung gezeigt hat, können Tagesbesucher am Pool relaxen und der Safarigeräuschkulisse jenseits der Zäune lauschen. Buchung empfohlen. *Avoca Road | Hodespruit | Tel. 01 57 93 01 50 | royal malewane.com*

AUSGEHEN & FEIERN

CAPITAL CRAFT

Handgemachte Biere sind ja DAS große Ding. Warum nicht auch darüber fachsimpeln, haben sich vier Freunde gedacht und das Lokal als *Beer Academy* gestartet. Cooles Holz- und Industrie-Ambiente und mehr als 200 Sorten Hopfen & Malz in flüssiger Form, dazu das passende Essen. *Greenlyn Village Centre, Shop Nr. 20 | Lynwood | Tel. 01 24 24 86 01 | capitalcraft.co.za*

RUND UM PRETORIA

3 LIPIZZANERS

40 km von Pretoria / 1 Std. (Auto)

Kyalami (zwischen Johannesburg und Pretoria) ist einer der wenigen Orte auf der Welt, wo man die weißen Lipizzaner-Pferde, deren Name sich vom Stammgestüt im slowenischen Lipica ableitet, in Aktion erleben kann. Die Vorfahren des heutigen Gestüts wurden in den 1950ern aus dem kriegs-

INSIDER-TIPP
Hier stehlen Pferde den Löwen die Show

zerrütteten Europa gerettet. Jeden Sonntag (10.30 Uhr) begeistern die edlen Pferde und ihre Reiter die Besucher bei einer Reitvorführung, ganz in der Tradition der Wiener Spanischen Hofreitschule. *Eintritt und Show 180, Kinder 110 Rand, Kinder unter 3 J. frei | 1 Dahlia Road | Onlinebuchung empfohlen unter lipizzaners.co.za | 2 Std. | J3*

4 MPUMALANGA

370 km von Pretoria / 4,5 Std. (Auto)

Der größte Teil der Provinz ist subtropisch mit fruchtbaren Ebenen, hier wachsen u.a. Bananen, Avocados, Ananas und Papaya. Wer über die *Panorama Route* kommt, dem bietet sich ein herrlicher Blick über die typisch afrikanische Landschaft mit Wäldern und Savanne. In Mpumalanga findest du einige der schönsten privaten Tierparks des Landes, z.B. das *Thornybush Game Reserve*. Die Lodges darin sind wie immer teuer, dafür muss man sich auch um nichts mehr selbst kümmern und bekommt das volle Safariglück.

Sabie ist eine der größeren Städte der Provinz Mpumalanga. In der Umgebung der „Stadt der Wälder", wie sie wegen des reichen Baumbestands auch genannt wird, gibt es viele Wasserfälle, z.B. die *Mac Mac Falls (10 km)*. Von Sabie erreicht man über Graskop den *Blyde River Canyon (40 km)*, eine faszinierende Schlucht, über der wie Rundhütten aussehende Felsen thronen. Die beste Aussicht darauf bietet *God's Window (an der R534)*. Der Blick von hier aus über den Blyde River Canyon ist atemberaubend, je früher am Tag, desto besser! Und wer in die Schlucht hinab will, sollte den *Graskop Gorge Lift (an der R533 | graskopgorgeliftcompany.co.za)* ansteuern: Die Glasgondel fährt Besucher 51 m in die Tiefe, wo Holzstege durch Regenwald mit Wasserfällen führen.

Nur gut 20 Minuten von Graskop entfernt liegt *Pilgrim's Rest*. Die kleine Ortschaft entstand mit dem ersten Goldrausch in Südafrika. Im Jahr 1873 fand Alex Patterson, der mit einer Schubkarre durch das Land zog, in einem kleinen Nebenarm des Blyde River die ersten Goldnuggets. Vergeblich versuchte er, seinen Fund geheim zu halten. In kurzer Zeit kamen 1500 Menschen, um ein Vermögen zu machen. Zuerst wohnten sie in Zelten, aber schon bald entstanden Häuser, Geschäfte, Bars und Hotels.

Nach sieben Jahren war es vorbei mit dem Goldwaschen, und der Abbau unter Tage begann. Eine Minengesellschaft kaufte die Schürfrechte, und erst 100 Jahre nach Pattersons Entdeckung wurde die Mine geschlossen. Heute steht *Pilgrim's Rest* unter Denkmalschutz und ist ein Freilichtmuseum. Wenn du selbst ein wenig Goldfieber spüren und – mit etwas Glück – die Reisekasse aufbessern möchtest, kannst du dir im *Diggings Museum* am Ortseingang die staatliche Genehmigung zum Goldwaschen besorgen – Glück auf!

Der Eingang zum kleinen *Mount Sheba Nature Reserve* ist nur etwa 20 km von Pilgrim's Rest entfernt. In

Gar nicht so leicht zu entdecken: Leopard im Kruger National Park

diesem Park gibt's kein Großwild, aber 100 verschiedene Baumarten, in denen sich Affen tummeln. Bedeutsam ist der Park wegen seines Regenwalds, eines perfekten Ökosystems, in dem an einem Tag vier Jahreszeiten herrschen können, heißt es. Auf elf Wanderwegen zwischen 1 und 6 km Länge können Besucher das private Reservat erkunden (Eintritt frei). Besucher sollten sich aber an der Rezeption der *Mount Sheba Lodge* anmelden. Das Hotel liegt oberhalb des Regenwalds. *K–L 2–4*

5 KRUGER NATIONAL PARK ★

380 km von Pretoria / 4 Std. (Auto)

Von diesem Wildpark hat sicher jeder schon mal gehört – zu Recht. So viele verschiedene Arten wie hier gibt's nirgendwo sonst in Afrika. Auf einer Fläche so groß wie Hessen könnt ihr u. a. 17 000 Elefanten, 48 000 Büffel, 1500 Löwen und 1000 Leoparden begegnen – oder keinem. Je nach Spotter-Glück ... Es gibt neun Einlasstore in den Park, fünf sind von dem Ort *Nelspruit* an der N 4 zu erreichen: *Malelane, Crocodile Bridge, Phabeni, Numbi* und das *Paul-Kruger-Tor*. Etwa in der Mitte des Parks liegen die Tore *Orpen* und *Phalaborwa*, und ganz im Norden befinden sich die Eingänge *Punda Maria* und *Pafuri*. Übernachtungsmöglichkeiten gibt es unzählige – vom Buschzelt über Rundhütten und Häuser bis zu Luxuslodges. Selbstversorgung oder Rundum-Sorglos-Paket sind genauso Optionen wie Zu-Fuß-Safaris oder Privatranger. Die großen Camps wie *Berg-en-Dal* oder *Satara* haben auch Restaurants und Pools.

In Südafrika hatten Jäger den Wildtieren bis Ende des 19. Jhs. so zugesetzt, dass die Regierung beschloss, die Jagd auf dem Gebiet zwischen den

Flüssen Sabie und Crocodile zu verbieten. So entstand der Kruger National Park.

Auf guten Straßen fahren Besucher in geschlossenen Autos durch den Park und können die Tiere beobachten. Die Höchstgeschwindigkeit auf Asphalt beträgt 50 km/h, auf Sandwegen 40 km/h. *Tore öffnen Okt.–März 5.30, April–Sept. 6 Uhr; Torschluss je nach Monat 17.30–18.30 Uhr | Eintritt 331, Kinder 166 Rand | Auskunft und Reservierung: South African National Parks | Tel. 01 24 28 91 11 | sanparks.co.za |* *L–M 1–3*

6 NORTH WEST PROVINCE

170 km von Pretoria / 2 Std. (Auto)

Es gibt fünf gute Gründe, in die North West Province zu fahren. Big Five gute Gründe, um genau zu sein. Die Wildreservate der Provinz sind beliebt bei Einheimischen und Touristen, die nicht so viel Zeit haben, um in den Kruger-Park zu fahren. Das *Pilanesberg Game Reserve (tgl. März/April 6–18.30, Mai–Sept. 6.30–18, Okt. 6–18.30, Nov.–Feb. 5.30–19 Uhr | Eintritt 110, PKW 40 Rand | pilanesberg nationalpark.org)* ist besonders beliebt, weil es so nah an Johannesburg (230 km) liegt. Es gibt schöne Lodges und – wichtig für Familien mit kleinen Kindern – keine Malaria. Nicht ganz billig, dafür ein einmaliges Erlebnis sind die Safariflüge mit dem Heißluftballon *(1 Std. | 4800 Rand/P.)*, bei denen man u.a. Nashörner und Elefanten aus der Vogelperspektive sieht. Exklusiver als Pilanesberg ist das *Madikwe Game Reserve*. Es liegt im Norden der Provinz, kurz vor der Grenze zu Botswana, und damit für Tagestouren zu weit ab. *F–J 2–4*

SCHÖNER SCHLAFEN IN DEN NORDPROVINZEN

LUXUSLODGE

Die *Outpost Lodge* an der Grenze zu Simbabwe und Mosambik ist ein privates Camp im Kruger National Park. Früher gehörte das Land dem Makuleke-Stamm, den man enteignete, als das Gebiet Teil des Parks wurde. Anfang der 1990er-Jahre erhielt der Stamm den Besitz zurück und erteilte die Konzession zum Bau einer privaten Lodge. *The Outpost (12 Zi. | Tel. 01 37 35 89 07 | seasonsinafrica.com | €€€)* bietet die ultimative Luxuserfahrung: baden und schlafen ohne Wände, nur wilde Weite und große Gefühle!

ERLEBNIS TOUREN

Lust, die Besonderheiten der Region zu entdecken? Dann sind die Erlebnistouren genau das Richtige für dich! Ganz einfach wird es mit der MARCO POLO Touren-App: Die Tour über den QR-Code aufs Smartphone laden – und auch offline die perfekte Orientierung haben.

1 AUF WEINWEGEN

- Verkosten in Südafrikas Brandy-Hochburg
- Luxus-Übernachtung bei den Big Five
- Ausflug in die Gründerjahre

Kapstadt

Swellendam

3 Tage, reine Fahrzeit 6 Stunden

Strecke: 405 km

Kosten: 600 Euro für zwei Personen

Löwe im Kruger National Park

WEINGUT-HOPPING

Von ❶ **Kapstadt** ➤ **S. 64** *geht's auf der N 1 in Richtung Paarl.* Spätestens beim ❷ **KWV Sensorium** *(57 Main Road | Mo–Fr 9–16.30, Sa 9–14 Uhr | 1 h)* sollten Weinliebhaber einen Stopp einlegen, hier wartet eine Kombination aus Galerie und Verkostungsraum des größten Herstellers von Wein, Brandy und anderen Spirituosen der Region. *Auf der Weiterfahrt verlässt du kurz vor der Einfahrt zum Huguenot Tunnel die Autobahn und setzt die Fahrt auf der R 101 über den 70 km langen, landschaftlich sehr schönen* **Du Toits Kloof Pass** *fort. Am Fuß der Berge angekommen, führt die Straße in Richtung Rawsonville.* Hier liegt die ❸ **Du Toits Kloof Winery** *(dutoitskloof.co.za)*, noch ein Geheimtipp für eine Weinprobe. Der Chardonnay-Viognier z. B. ist nicht nur gut, sondern auch günstig. *Die R 101 führt fast bis nach* ❹ **Worcester**, ein Ort, der im Zentrum des größten Weinanbaugebiets von Südafrika liegt. Ein Fünftel aller Trauben des Landes wird in den hiesigen Weinkellern verarbeitet. Im **Kleinplasie Living Open Air Museum** *(Robertson Road | Mo–Fr 8–16.30, Sa 8–13 Uhr | Eintritt 15 Rand | 30 min)* wird vom Leben und der Arbeit der Pioniere und Bauern erzählt. Die Gebäude sind Nachbildungen von Häusern aus der Kapregion.

TAG 1

❶ **Kapstadt**

56 km 35 Min.

❷ **KWV Sensorium**

45 km 50 Min.

❸ **Du Toits Kloof Winery**

22 km 20 Min.

❹ **Worcester**

71 km 1 Std. 10 Min.

5 Aquila Private Game Reserve

82 km 1 Std.

Weiter geht es auf der N 1 in Richtung Norden. Nach etwa 60 km biegst du links ab auf die R 46 in Richtung Ceres, und dann sind es nur noch 4 km bis zum Eingangstor des 5 **Aquila Private Game Reserve** *(44 Zi. | Tel. 02 14 30 72 60 | aquilasafari.com | €€€).* Nur zwei Stunden von Kapstadt entfernt hat man hier die Chance, die Big Five der afrikanischen Tierwelt zu beobachten – ideal für Besucher, die lieber malariafrei reisen oder nicht bis zu den großen Wildparks vordringen. Übernachtet wird in Chalets oder einer Lodge; aber auch Tagesbesuche sind möglich.

TAG 2

6 Nuy

44 km 45 Min.

KULINARISCHE GENÜSSE

Ausgeschlafen? *Dann geht es jetzt zurück nach Worcester und dann auf der R 60 Richtung Robertson. Nach 15 km biegst du links nach* 6 **Nuy** *ab.* Die **Nuy Winery** keltert vorzügliche Weine, fast alle sind in Südafrikas Weinbibel *Platter's* hochdekoriert. Das ungewöhnliche Gasthaus **Nuy Valley** *(18 Zi. | Tel. 02 33 42 12 58 | €)* ist so hübsch, dass man es sich wenigstens anschauen sollte, allein wegen der Backpacker-VIP-Zimmer im alten Weinkeller. Ein paar Kilometer weiter auf der R 60 beginnt das **Robertson Valley**, das Tal des Weins und

Sympathisches Familienunternehmen im Robertson Valley: Springfield Wine Estate

INSIDER-TIPP
Weinlust

der Rosen. Die erste Weingenossenschaft ist Rooiberg, ein Geheimtipp für gute, preiswerte Tropfen. Als bestes Restaurant in ❼ Robertson gilt das The Small Restaurant im supergestylten The Robertson Small Hotel *(10 Zi. | 58 Van Reenen Street | Tel. 02 36 26 72 00 | therobertsonsmallhotel.com | €€€)*, das sich perfekt für die zweite Übernachtung auf dieser Tour anbietet.

❼ Robertson

6 km 10 Min.

ANTILOPEN ALS TRAUBENDIEBE

Von Robertson geht es am nächsten Tag auf die R317. An dieser Seitenstraße liegen einige sehr gute Weingüter. Besonders zu empfehlen ist ❽ Springfield *(springfieldestate.com)*. Dort werden nicht nur tolle Weine wie der Méthode Ancienne Cabernet Sauvignon produziert, auch Tierliebhaber haben hier den Wow-Effekt! Seit Jahrzehnten lebt eine Springbockherde auf den weitläufigen Weiden des Guts, und mit etwas Glück wird der Besucher gleich am Tor von den zierlichen Antilopen begrüßt, weil sie wieder mal entwischt sind und vergnügt an den Trauben knabbern. Für Weißweinliebhaber ist das nächste Estate ein Erlebnis. Danie de Wet, der Besitzer von ❾ De Wetshof *(dewetshof.*

TAG 3

❽ Springfield

11 km 11 Min.

❾ De Wetshof

64 km 1¼ Std.

⑩ Swellendam

com), ist der König des südafrikanischen Chardonnays. Das Gutshaus, in dem auch der Weinkeller liegt, erinnert mehr an ein Herrenhaus in der Toskana als an ein südafrikanisches Farmhaus. *Durch das Dörfchen Bonnievale geht es anschließend wieder auf die R60 bis nach* ⑩ **Swellendam** – ein hübscher Ort, in dem man sich in die Gründerjahre der Besiedlung zurückversetzt fühlt. Die drittälteste Ortschaft am Kap wurde 1745 gegründet; viele alte Häuser erinnern daran. Das **Drostdy Museum** *(18 Swellengrebel Street | Mo–Fr 9–16.45, Sa/So 9–15 Uhr | Eintritt 35 Rand | drostdy.com | 30 min)*, ein Freilichtmuseum, besteht aus eindrucksvollen Gebäuden aus dem 18. Jh.; in einem davon bietet das Restaurant **Field & Fork** *(26 Swellengrebel Street | Tel. 02 85 14 34 30 | fieldandfork.co.za | €€)* französische Küche. Für die Übernachtung vor der Weiterfahrt an die Garden Route oder zurück nach Kapstadt ist das kleine B & B **Augusta de Mist** *(6 Zi. | 3 Human Street | Tel. 08 28 42 34 44 | augustademist.co.za | €€€)* perfekt.

② DURCHS BLUMENWUNDERLAND

- Seafood am Strand essen
- Auf dem Highway durch einen bunten Blumenteppich

Kapstadt — Nieuwoudtville

3 Tage, reine Fahrzeit 11 Stunden

Strecke: 684 km

Kosten: 500 Euro für zwei Personen

TAG 1

① Kapstadt

76 km 1 Std. 20 Min.

② Darling

BEI EVITA IM THEATERBAHNHOF

Von ① **Kapstadt** ➤ S. 64 *fährst du auf der N7 bis zur Ausfahrt Malmesbury. Von dort geht es auf der R304 nach* ② **Darling**, ein bis 1995 eher verschlafenes Dörfchen. Dann wurde es von Pieter Dirk-Uys entdeckt. Südafrikas bester Kabarettist traute sich schon während der Apartheid, als Kunstfigur Evita Bezuidenhout die Regierung aufs Korn zu nehmen. Der Südafrikaner mit deutschen Wurzeln eröffnete im alten Bahnhof von Darling das Theater und Restaurant **Evita se Perron** *(8 Arcadia Street | Tel. 02 24 92 28 51 | evita.co.za | €)* – übersetzt: Evitas Bahnsteig und zugleich eine Anspielung auf Evita Perón, die streitbare Frau des argentinischen Diktators Juan Perón, die auch zur Titelfigur von Andrew Lloyd Webbers Musical „Evita" wurde. Dirk-Uys folgten viele weitere Kreative, die Darling zu einem Künstlertreff machten. Das Mittagessen macht im **Darling Brew** *(48 Caledon Street | Tel. 02 12 86 10 99 | darling-brew. co.za | €)* viel Spaß. Das Bier ist hausgebraut, eine Verkostung muss vorher angemeldet werden.

74 km Std. 1¼

URZEITVIECHER UND EIN FAMILIENGUT

Hinter Darling beginnt das Blumenland. *Die R 307 und dann die R 45 führen nach Hopefield.* Hinter Hopefield liegt der ❸ **West Coast Fossil Park** *(Mo–Fr 9–16, Sa/So 9–13 Uhr, geführte Touren jede Stunde | Eintritt 80, Kinder 35 Rand | 1,5 h)* – ein Gruß aus der Urzeit, denn hier lagern die versteinerten Überreste von Tieren, die vor 5 Mio. Jahren m Kap gelebt haben. Viele Arten – wie Bären oder Kurzhalsgiraffen – gibt es in dieser Küstenregion schon lange nicht mehr. Für die erste Übernachtung sollte man in östlicher Richtung weiter bis ❹ **Kersefontein** *(7 Zi. | Tel. 08 34 54 10 25 | kersefontein.co.za | €€)* fahren. Das kapholländische Gut befindet sich seit 300 Jahren im Besitz der Familie Melck. Besitzer Julian bietet seinen Gästen auch Reittouren oder Rundflüge an. Abends dinierst du im Speisezimmer wie zu Anfang des 19. Jhs.

❸ West Coast Fossil Park

32 km 30 Min.

❹ Kersefontein

26 km 25 Min.

Farbige Wandbilder: Khoisan-Zeichnungen bei Clanwilliam

TAG 2

❺ Velddrif

58 km 50 Min.

❻ Paternoster

202 km 3 Std. 20 Min.

❼ Clanwilliam

WEISSES GOLD AUS DEM MEER

Die nächste Station in Richtung Norden ist ❺ **Velddrif**. Der Ort liegt spektakulär an der Mündung des Berg Rivers in den Atlantik: ein Paradies für Angler. Wer lieber fangen lässt, kann im **Soverby Lapa** *(Main Road zwischen Velddrif und Dwarskersbos | Tel. 07 43 69 33 36 | €)*, das direkt am Strand liegt, wunderbare Fischgerichte bestellen. Der Ort ist bekannt für seine Produkte aus Meersalz, dem *KhoiSan Natural Unrefined Sea Salt*, das in riesigen Pfannen gewonnen wird. Die Fabrik hat einen kleinen **Shop** *(5 Reservoir Road | khoisansalt.co.za)*, in dem verschiedene Sorten des Salzes verkauft werden. Besonders der Badezusatz ist ein Renner, weil er durch den hohen Mineralwert gegen Schmerzen helfen und den Körper entgiften soll. Einen Ausflug wert ist auch das nur 30 km entfernte, romantische Fischerdörfchen ❻ **Paternoster** ➤ S. 43.

ROTKRAUT FÜR TEETRINKER

Von Velddrif führt die R399 zurück auf die N7. Nun geht es in nördlicher Richtung weiter nach ❼ **Clanwilliam**, dem Zentrum der Rooibostee-Herstellung. Die Sträucher wachsen nur in den nahegelegenen Cederbergen und sonst nirgendwo auf der Welt. Wer mehr darüber wissen möchte, der sollte eine Tour auf der *Rooibos Route* machen *(rooibos-route.co.za)*. Das Hotel für die nächste Nacht sollte man um nichts verpassen, *also zurück zum Ortausgang und der Beschilderung zum* **8 Bushmans Kloof Wilderness Reserve** *folgen!* Der Weg zu diesem ganz besonderen Naturreservat führt 20 km durch dramatische Bergketten. Der private Tierpark inmitten der Cederberge beheimatet 140 Vogelarten, wilde Tiere der Region (vom Bergzebra über den Gemsbok bis zur Wildkatze) und birgt 125 Fundstellen von zum Teil sehr gut erhaltenen Khoisan-Zeichnungen, die hauptsächlich Tiere und Menschen darstellen. Hier schläfst du luxuriös im **Bushmans Kloof Wilderness Reserve & Wellness Retreat** *(16 Zi. | Tel. 02 14 37 92 78 | bushmanskloof.co.za | €€€)*.

35 km 35 Min.

8 Bushmans Kloof Wilderness Reserve

TAG 3

Am nächsten Morgen geht es *zurück nach Clanwilliam und von dort ca. 80 km auf der N 7 bis nach Vanrhysdorp. Hier nimmst du die Ausfahrt nach* **9 Nieuwoudtville**. *Die R 27 führt jetzt steil nach oben* – von der Straße ist die Aussicht auf die Blumenpracht des Namaqualandes einfach umwerfend! Eine gute Übernachtungsmöglichkeit zum Abschluss ist die **Swiss Villa** *(6 Zi. | 116 Nassau Street | Tel. 02 72 18 13 47 | nieuwoudtville.com/swiss-villa | €)*, ein Gasthaus in einer 100 Jahre alten Sandsteinvilla. *Zurück nach Kapstadt geht es am nächsten Tag am schnellsten über die N 7.*

180 km 3½ Std.

9 Nieuwoudtville

MIT DEM LUXUSZUG DURCH SÜDAFRIKA

Wer stilvoll durch das Land am Kap reisen möchte, der sollte eine Bahnfahrt mit dem *Rovos Rail (Tel. 01 23 15 82 42 | rovosrail.com | Preise pro Person je nach Kabinenkategorie ca. 1300–2600 Euro)* buchen, z. B. von Pretoria nach Kapstadt. Diese Reise dauert 48 Stunden und führt zu großen Teilen durch die Halbwüste Karoo. Die Reisenden werden auf dem Bahnhof mit einem Streichquartett und einer Rede des Besitzers Rohan Vos begrüßt. Eine historische Dampflok zieht den Zug im ersten Teil der Strecke. Zum erlesenen Dinner sind Krawatte und Jackett ein Muss. 700 km geht es dann durch die Trockensteppe, dann durch die fruchtbaren Wein- und Obstanbaugebiete des Kaps. Einen Stopp legt der Luxuszug u.a. in der Diamantenstadt Kimberley ein.

3 MIT DEM BAZ BUS VON JOHANNESBURG NACH KAPSTADT

- Leute kennenlernen und Erfahrungen austauschen
- Easy Life: Party am Strand und Bier mit den Affen

Johannesburg — Kapstadt

10 Tage, reine Fahrzeit ca. 46 Stunden

Strecke: 2623 km

Kosten: 800 Euro pro Person

Mitnehmen: In den meisten Backpackers wird Bettwäsche gestellt, nicht aber Handtücher.

Achtung: Der Führer „Coast to Coast" ist ein unerlässlicher Reisebegleiter.

Es gibt kaum Geldautomaten an der Wild Coast, deshalb solltet ihr euch in Durban mit genug Geld versehen!

TAG 1

1 Johannesburg

REIN IN DEN BUS, RAUS AUS DEM BUS ...

Wer Südafrika nicht im Auto bereisen möchte, für den ist die Fahrt von Johannesburg nach Kapstadt mit dem **BAZ Bus** *(350 Euro, mit Rückfahrkarte 525 Euro | Tel. 02 14 22 52 02 | bazbus.com)* genau das Richtige. Bei dem Hop-on-Hop-off-Bus kann man auf der gebuchten Route so oft ein- und aussteigen, wie man möchte. Das erste Backpacker-Hotel sollte man vor dem Abflug im Heimatland buchen. In **1 Johannesburg** ➤ S. 106 ist **Curiocity Backpackers** *(302 Fox Street | Tel. 01 16 14 01 63 | curiocitybackpackers.com | €)* zu empfehlen. Eine Abholung vom Flughafen ist möglich, und im Hostel liegen alle Infos aus, die Baz-Bus-Reisende brauchen, u. a. das Handbuch „Coast to Coast" *(coastto coast.co.za)*, das die angesagtesten und schönsten Adressen für Backpacker auflistet. In den empfohlenen Unterkünften ist immer was los. Abends beim Bier werden Erfahrungen und Tipps ausgetauscht. Der BAZ Bus holt Fahrgäste an vielen Hostels ab; buchen solltest du jeweils einen Tag im Voraus.

Von Johannesburg geht die Reise zu den ❷ **Drakensbergen ➤ S. 101**, den Alpen Südafrikas, wo du besonders gemütlich im **Amphitheatre Backpackers** *(Tel. 08 28 55 97 67 | amphibackpackers.com | €)* am Rande des **Royal Natal National Park** an der Grenze zu Lesotho unterkommst. Die Lodge bietet viele Unternehmungen zur Erkundung der Drakensberge an. Nachtwanderungen und Abseiling sind noch die harmlosesten, mehr Adrenalin gibt's etwa beim Felsenklettern.

TAG 2
317 km 5¾ Std.
❷ Drakensberge

PARTYTIME IN DURBAN

Weiter geht es nach ❸ **Durban ➤ S. 94**, wo du wieder übernachten musst, denn der Bus fährt erst am nächsten Morgen weiter. Gibt Schlimmeres, denn Durban ist mit seinem Strand vor allem in den Sommermonaten eine der pulsierendsten Metropolen Südafrikas. Im

TAG 3
270 km 4½ Std.
❸ Durban

Platz mit Weitblick: Küste bei Coffee Bay an der Wildcoast

Happy Hippo *(222 Mahatma Gandhi Road | happyhippodurban.co.za | €)* neben der uShaka Marine World lässt sich der Tag gut rumbringen, z. B. mit einem Spaziergang an der Strandpromenade Golden Mile. Da ist auch abends immer viel los. Gegen einen Aufpreis bietet der BAZ Bus hier in Durban (ebenso wie auch in Port Elizabeth und Kapstadt) Stadtrundfahrten an.

WILDE KÜSTEN AM OSTKAP

TAG 4
507 km 5¾ Std.
4 Coffee Bay

Der nächste Teil der Reise führt in das vom Tourismus noch nicht so entdeckte Ostkap. Trotzdem liegen hier drei der schönsten Gästehäuser für Rucksacktouristen in Südafrika. Im einsamen Küstenort 4 **Coffee Bay** an der Wild Coast, die ihren Namen zu Recht trägt, liegt am Strand **The Coffee Shack** *(Tel. 04 75 75 20 48 | coffeeshack.co.za | €)*. Zwei Unternehmungen solltest du dir nicht entgehen lassen: eine Wanderung an der Küste zur Felsformation **Hole in the Wall** und den Besuch bei einem Sangoma, einem traditionellen Heiler. Der BAZ Bus fährt zwar nicht bis nach Coffee Bay, *aber es gibt einen Shuttleservice von der Shell-Tankstelle in Mthatha.*

TAG 5
310 km 4¾ Std.
5 Chintsa

Weiter geht die Fahrt nach 5 **Chintsa** zum **Buccaneers** *(Tel. 04 37 34 30 12 | cintsa.com | €€)*. Das ist ein kleines Dorf für Besucher; untergebracht wird man in Hütten, die sich auf dem großen Gelände verteilen – ein Paradies für Kitesurfer und Wellenreiter!

Nächste Station ist der kleine Ort ❻ Hogsback ➤ S. 54 mit der Backpackerlodge Away with the Fairies *(Bag End | Ambleside Close | Tel. 04 59 62 10 31 | awaywith thefairies.co.za | €)*. In deren Garten fühlen ihr euch wie verzaubert: Ein Sundowner im Baumhaus mit Aussicht auf den Urwald in Gesellschaft kleiner Äffchen ist nicht zu übertreffen. Für Aktive bietet die Lodge Mountainbikes – ihr Besitzer ist überzeugt, dass es hier die besten Pisten des Landes gibt. Auch hierher fährt der BAZ Bus nicht direkt, Gäste werden aber vom *Buccaneers* in Chintsa oder vom *Sugarshack* in East London abgeholt.

TAG 6
172 km 2¾ Std.
❻ Hogsback

Auch in ❼ Port Elizabeth ➤ S. 50 musst du wieder eine Übernachtung einplanen. Das Lungile Backpackers *(12 La Roche Drive | Tel. 04 15 82 20 42 | lungile backpackers.co.za | €)* bietet sich für Reisende an, die nach der vielen Natur der letzten Tage mal wieder auf die Piste wollen: Die Partymeile von Humewood ist in Laufentfernung.

TAG 7
263 km 4½ Std.
❼ Port Elizabeth

Den nächsten Stopp solltest du in ❽ Jeffrey's Bay ➤ S. 53 *einlegen* – ein absolutes Muss, vor allem für passionierte Surfer, die hier perfekte Wellen vorfinden. Am schönsten ist die Übernachtung im Island Vibe *(10 Dageraad Street | Tel. 04 22 93 16 25 | islandvibe. co.za | €)* direkt am Meer.

TAG 8
90 km 1½ Std.
❽ Jeffrey's Bay

Vor dem letzten Stück der Reise nach Kapstadt sollte noch mindestens ein Stopp eingeplant werden. Zum Beispiel in ❾ Wilderness in der Nähe von George ➤ S. 43 an der Garden Route. Die Übernachtung im Beach House Backpackers *(Western Road | Tel. 04 48 77 05 49 | wildernessbeachhouse.com | €)* ist genau so schön, wie der Name es verspricht. Das Haus liegt direkt am Strand, und die Aussicht ist super.

TAG 9
244 km 4 Std.
❾ Wilderness

Von hier sind es nur noch wenige Fahrstunden nach ❿ Kapstadt ➤ S. 64. Auch in der „Mother City" gibt es jede Menge Lodges für Rucksacktouristen, eine der schönsten ist das Atlantic Point Backpackers *(2 Cavalcade Road | Tel. 02 14 33 16 63 | atlanticpoint.co.za | €)* in Green Point, zentral zwischen Meer und City gelegen.

TAG 10
448 km 5¼ Std.
❿ Kapstadt

GUT ZU WISSEN

DIE BASICS FÜR DEINEN URLAUB

ANKOMMEN

ANREISE

South African Airways (flysaa.com) fliegt fast täglich von Frankfurt/M. und München nach Johannesburg oder Kapstadt. Die Flugzeit nach Johannesburg beträgt 10, nach Kapstadt 12 Stunden. Ein Ticket für Hin- und Rückflug bekommt man meist für unter 1000 Euro. Auch *Lufthansa (lufthansa.de)* fliegt täglich von Frankfurt, in den südafrikanischen Sommermonaten sogar nonstop von München nach Kapstadt. *Qatar (qatarairways.com)* und *Emirates (emirates.com)* bieten oft günstigere Verbindungen. Für Besucher aus der Schweiz bietet die *Swiss (swiss.com)* bzw. *Edelweiss Air (flyedelweiss.com)* Flüge nach Johannesburg und Kapstadt an. Österreicher haben seit 2018 die Möglichkeit, mit *Austrian Airlines (austrian.com)* direkt von Wien nach Kapstadt zu fliegen. Für Flüge innerhalb Südafrikas eignen sich die meist preiswerteren kleinen Fluggesellschaften wie *Mango (flymango.com)* oder *Safair (flysafair.co.za)*. Und wer eine Rundreise in Erwägung zieht: Über Kapstadt und Johannesburg werden fast alle afrikanischen Hauptstädte angeflogen, daneben auch Afrikas Urlaubsmetropolen Sansibar und Mauritius.

+ 1 Stunde Zeitverschiebung

im europäischen Winter; während der europäischen Sommerzeit herrscht Zeitgleichheit.

EINREISE

Besucher aus Deutschland, der Schweiz und Österreich brauchen kein Visum, wenn sie nicht länger als drei

Aussichtsbalkon auf dem Tafelberg, Kapstadt

Monate in Südafrika bleiben wollen. Dann genügt der Reisepass, der noch mindestens sechs Monate gültig sein und mindestens zwei ungestempelte Seiten haben muss.
Südafrikas Behörden haben vor Jahren strenge Auflagen für die Ein- und Ausreise mit Kindern erlassen. Neben dem Pass benötigten Minderjährige eine Geburtsurkunde und eine beglaubigte Übersetzung davon ins Englische. Reist das Kind mit nur einem Elternteil, war die Einverständniserklärung des anderen Elternteils nötig. Das ist laut Gesetz heute nicht mehr notwendig, wird von der Regierung aber nach wie vor „empfohlen". Vor Abreise sollte man sich deshalb bei der südafrikanischen Botschaft informieren!

KLIMA & REISEZEIT

Regen- und Trockenzeit sind in Südafrika nicht einheitlich. Während Johannesburg unter Sommerregen ächzt, friert Kapstadt im Winterregen. Winter ist hier zwischen Juni und August, die beste Reisezeit von November bis März.

Adapter Typ D

Netzspannung 220 Volt Wechselstrom, 50 Hertz. Du brauchst einen Adapter. Den bieten aber alle Hotels an, bzw. ist er in jedem Supermarkt um die Ecke zu kaufen und auch in Europa im Onlinehandel erhältlich.

ZOLL

Bei der Einreise nach Südafrika darfst du u. a. 1 l Spirituosen, 200 Zigaretten und Waren im Wert von 5000 Rand bei dir haben, ohne dass du dafür Zoll bezahlen musst. Bei der Rückkehr in

die EU dafst du u.a. zollfrei einführen: 200 Zigaretten, 4 l nicht-schäumenden Wein, 1 l Spirituosen und Waren im Wert bis zu 430 Euro, in die Schweiz bis zu 300 Franken.
Besser du riskierst nicht die Ausfuhr geschützter Pflanzen und Tiere sowie deren Produkte; das ist streng verboten. Die Einfuhr von Samen und Pflanzen ist ebenfalls nicht gestattet. Nähere Informationen dazu findest du unter *zoll.de*.

WEITER-KOMMEN

MIETWAGEN

In Südafrika darf kein Auto ohne die Haftpflichtversicherung *(Third Party)* gefahren werden. Die ist bei Mietwagen aber immer enthalten. Es sind alle großen Mietwagenfirmen, (Avis, Hertz, Europcar etc.) vertreten. Bei Städtereisen sollte man auch einen Blick auf lokale Vermieter werfen, die bieten meist günstigere Kleinwagen an. Da schon bei Kratzern und Schrammen hohe Kosten entstehen können, lohnt sich eine zusätzliche Versicherung zum Standardschutz *(super waiver)* fast immer!

AUTOVERKEHR

Einige Autobahnstrecken, z.B. um Johannesburg und fast die ganze Strecke von Johannesburg bis zum Kruger National Park, sind mautpflichtig. Die Strecken sind durch ein weißes T auf blauem Grund gekennzeichnet. Etwas verwirrend ist für Besucher aus Europa die Verkehrsregelung an Kreuzungen mit vier Stoppschildern. Es fährt immer das Auto zuerst, das zuerst ankommt. Bei gleichzeitigem Ankommen verständigt man sich durch Handzeichen. Verwirrend selbst für geübte Autofahrer können auch die mehrspurigen Kreisverkehre sein. Hier gilt: Wer rechts abbiegt, fährt am rechten Streifen ein; wer nach links will, fährt link ein; geradeaus führen beide Spuren. Vorrang hat immer, wer sich schon im Kreisel befindet. Die Höchstgeschwindigkeit beträgt in Ortschaften 60 km/h, auf Landstraßen 100 km/h und auf der Autobahn 120 km/h. Wer bei zu schnellem Fahren erwischt wird, muss tief in die Tasche greifen. Es herrscht Linksverkehr. Die Promillegrenze liegt bei 0,05 im Blut.

TAXIS

Taxis mit festen Fahrpreisen *(metered taxis)* gibt es fast überall in den Städten. Eine günstige und sichere Alternative sind Uber und Taxify, die zumindest in Durban, Kapstadt, Johannesburg, Pretoria und Port Elizabeth vertreten sind. Verzichten sollte man auf eine Fahrt im überfüllten Minibus-Taxi.

ÖFFENTLICHE VERKEHRSMITTEL

Eine günstige und vergleichsweise sichere Möglichkeit, in den großen Städten voranzukommen.
Das Transportmittel Nummer eins ist nach wie vor das „Mini-Taxi", ein kleiner Bus für 12 bis 15 Passagiere. Die Kleinbusse fahren auf allen Strecken

FESTE & EVENTS
RUND UMS JAHR

JANUAR

Kaapse Klopse (Kapstadt): Straßenkarneval am Tag nach Neujahr (Foto)
Sun Met (Kapstadt): wichtigstes Pferderennen des Landes, *sunmet.co.za*

MÄRZ/APRIL

Cape Town International Jazz Festival (Kapstadt), *capetownjazzfest.com*
Cape Town Cycle Tour (Kapstadt), *capetowncycletour.com*
Klein Karoo National Arts Festival (Oudtshoorn), *kknk.co.za*

APRIL/MAI

AfrikaBurn (Tankwa Karoo National Park): Südafrikas Antwort auf das Burning Man Festival, *afrikaburn.com*

JUNI

Comrades Marathon (Pietermaritzburg und Durban), *comrades.com*

JUNI/JULI

National Arts Festival (Grahamstown), *nationalartsfestival.co.za*

JULI

Knysna Oyster Festival (Knysna), *oysterfestival.co.za*
Bastille Day Festival (Franschhoek): Straßenfest, bei dem der Ort sein französisches Erbe feiert, *franschhoekbastille.co.za*

AUGUST/SEPTEMBER

Cape Town Fashion Week (Kapstadt)
Reed Dance (Swasiland): Kulturevent, bei dem Jungfrauen um die Gunst des Königs tanzen
Whale Festival (Hermanus), *hermanuswhalefestival.co.za*

OKTOBER/NOVEMBER

Jacaranda Festival (Pretoria): Straßenfest unter den lila blühenden Bäumen, *jacarandafestival.com*

NOVEMBER-APRIL

Kirstenbosch Summer Sunset Concerts (Kapstadt): Konzerte im Botanischen Garten, *sanbi.org/gardens/kirstenbosch* und halten überall auf Wunsch an. In den letzten Jahren hat sich in Johannesburg auch das Bussystem *REA VAYA (reavaya.org.za)* etabliert, z. B. für Fahrten aus der Innenstadt nach Soweto. In Kapstadt ist die städtische Buslinie *MyCiti* sehr zu empfehlen. Zur Bezahlung muss eine *myconnect*-Karte für 30 Rand gekauft (am Flughafen, am Kiosk oder an einer Tankstelle) und aufgeladen werden (besonders einfach geht das an den Bankautomaten der ABSA-Bank). Mehr Informationen gibt es unter *my citi.org.za*.

IM URLAUB

AUSKUNFT

SOUTH AFRICAN TOURISM

Friedensstr. 6 | 60311 Frankfurt am Main | Tel. 0800 1 18 91 18 | southafri ca.net

– 1 Bayerngasse | 1030 Wien | Tel. 01 4 70 45 11 | vienna@satour.com

Es gibt kein Büro mehr in der Schweiz

ÜBERNACHTEN

Hotels gibt es in jeder Preiskategorie. Mit den internationalen Hotelketten konkurrieren auch einige südafrikanische, etwa die Protea-Hotels. Zudem gibt es, der englischen Tradition folgend, viele Bed & Breakfast-Gästehäuser in Südafrika. Oft werden sie von den Besitzern geführt, die ihren Gästen gern jede Auskunft geben und bei der Planung helfen. Auch die Übernachtungsmöglichkeiten für Backpacker sind in Südafrika sehr gut. Viele Häuser bieten neben Schlafsälen auch Doppelzimmer mit privaten Bädern. Die „Bibel" für diese Art des Reisens ist der Führer „Coast to Coast", den es in jedem Backpacker kostenlos gibt *(coasttocoast.co.za)*. Wegen des milden Klimas ist Südafrika auch ein ideales Land für Camper. Campingplätze sind in allen Städten vorhanden, an vielen Stränden, in Naturparks und Wildschutzgebieten. Oft werden dort auch Hütten oder Bungalows angeboten.

INTERNET & WLAN

WLAN und Internetzugang kann in Südafrika für Überraschungen sorgen. In der Regel ist ein Internetzugang in Hotels und Gästehäusern Standard, aber ob und wie gut der dann funktioniert, ist eine andere Sache. Es ist ratsam, sich eine lokale Sim-Karte zu besorgen und ein passendes Datenpaket zu kaufen.

SPRACHE

Südafrika hat elf Amtssprachen und viele weitere Dialekte und Regionalsprachen. Am häufigsten hört man isiZulu, isiXhosa, Afrikaans und Englisch. Alle wichtigen Schilder und Informationen sind auf Englisch vorhanden.

GELD & WÄHRUNG

Die südafrikanische Währung ist der Rand. Ein Euro entspricht etwa 15 Rand, ein Rand sind 7 Eurocent. Es kann bis zu 20 Prozent günstiger sein, in Südafrika Geld zu wechseln. Am besten hebt man einfach Geld ab –

mit der Visa-/Mastercard oder der EC-Karte, wenn der Automat das Maestro-Zeichen hat. Einige Geldautomaten können für Anfänger etwas verwirrend sein. Die der Bank ABSA bieten Bargeldbehebung in mehreren Sprachen, auch auf Deutsch, an. Alle Kreditkarten werden akzeptiert und sind das gängige Zahlungsmittel.

INSIDER-TIPP
Mein Automat spricht Deutsch

WAS KOSTET WIE VIEL?

Kruger Park	22 Euro *Eintritt pro Person*
Kaffee	1,50 Euro *für eine Tasse Kaffee*
Cola	0,70 Euro *für eine Dose*
Benzin	ca. 0,95 Euro *für einen Liter*
Sonnencreme	ca. 7 Euro *für eine Tube*
Steak	11 Euro *für ein 500-g-Steak*

MEHRWERTSTEUER

Für bewegliche Waren, die insgesamt mehr als 250 Rand gekostet haben, kannst du die Mehrwertsteuer von 15 Prozent zurückerhalten. Dazu muss aber eine *tax invoice* vorliegen, also eine Rechnung, auf der die Steuer ausgewiesen ist. Bei Beträgen über 5000 Rand müssen zusätzlich Name und Adresse angegeben sein. Am Flughafen (im *VAT Refund Office)* werden die Waren und Rechnungen präsentiert, es dauert aber Tage bis Wochen, bis das Geld angewiesen ist. Zeit einplanen und vorab informieren: *taxrefunds.co.za*.

TELEFON & HANDY

Alle Telefonnummern in Südafrika sind zehnstellig, die Ortsvorwahl (inklusive der Null) ist fester Bestandteil der Nummer und muss auch bei Inlandsgesprächen immer mitgewählt werden. Nur bei Gesprächen aus dem Ausland lässt du nach der Landesvorwahl diese Null weg. An den Flughäfen kann man in den Läden der Mobilfunkanbieter *(Vodacom, MTN, Cell C)* Sim-Karten leihen und mit Guthaben aufladen. Falls die Registrierung zu kompliziert ist, versucht man es an kleineren Elektro-Kiosken in den Großstädten, die oft von Indern oder Pakistanis geführt werden. Dort fragt man nach einer schon vorregistrierten *Rica-Card.* Telefonguthaben kann man u. a. in Supermärkten und Tankstellen kaufen.

Vorwahl für Deutschland: 0049, für die Schweiz: 0041, für Österreich: 0043, für Südafrika: 0027.

Nationale Telefonauskunft: *10 23*

Internat. Telefonauskunft: *109 03*

TRINKGELD

Generell wird in Südafrika 10 bis 15 Prozent Trinkgeld gegeben. Das gilt besonders in Restaurants, weil dort im Preis die Bedienung meist nicht eingeschlossen ist. In den letzten Jahren sind einige Restaurants, besonders in den Tourismusmetropolen, allerdings dazu übergegangen, 10 Prozent vom Betrag als Service gleich auf die Rechnung aufzuschlagen. Ihr solltet also das Kleingedruckte kontrollieren, bevor ihr über die Höhe des Trinkgelds entscheidet.

FEIERTAGE

1. Januar	Neujahr
21. März	Tag der Menschenrechte
27. April	Tag der Freiheit
1. Mai	Tag der Arbeit
16. Juni	Tag der Jugend
9. August	Nationaler Frauentag
24. Sept.	Tag des Nationalerbes
16. Dez.	Tag der Versöhnung
25./26. Dez.	1./2. Weihnachtstag

Falls einer dieser Feiertage auf einen Sonntag fällt, ist der folgende Montag der Feiertag.

ÖFFNUNGSZEITEN

Die Geschäfte in Südafrika sind meist montags bis freitags von 9 bis 17 Uhr und samstags von 9 bis 13 Uhr geöffnet. Lebensmittelgeschäfte sind täglich geöffnet, genauso wie die Shops in großen Einkaufszentren. Die Uhrzeiten, zu denen man auch in Supermärkten Alkohol erhält, variieren je nach Region und der sich ständig ändernden Gesetzeslage. Kernzeiten für den Alkoholverkauf sind Mo–Fr 9–17 Uhr.

GESUNDHEIT

Besuchern des Kruger National Parks, der angrenzenden Wildschutzgebiete, der Wildreservate in Limpopo, Mpumalanga und Natal wird Malariaprophylaxe empfohlen.

Das südafrikanische Gesundheitssystem hat einen vergleichsweise hohen Standard. In fast allen größeren Orten gibt es hervorragende private Krankenhäuser. Es empfiehlt sich auf jeden Fall, eine Auslandskrankenversicherung mit Rückholversicherung abzuschließen. Sowohl bei Ärzten als auch in Kliniken muss die Rechnung vorab selbst bezahlt werden, bevor man sich die Ausgaben von der heimischen Versicherung später wieder zurückholen kann. Ausnahme sind längere Krankenhausaufenthalte. Ärzte stehen im Telefonbuch unter *Medical Practitioners*. Apotheke heißt *Chemist* oder *Pharmacy*.

POST

Postkarten nach Europa kosten 7,25, ein Brief bis 10 g 8,40 Rand. Luftpostaufkleber nicht vergessen. Dann braucht die Post fünf bis 14 Tage. Es ist nicht ratsam, sich im Urlaub etwas nachschicken zu lassen: Auf Briefe oder Pakete aus Europa kann man schon mal mehrere Monate warten. Schalterstunden der Post: Mo–Fr 8–16.30, Sa 8–12 Uhr

SAFARIS

Besuche in den Wildparks werden für jeden Geschmack und Geldbeutel angeboten. Relativ Preiswert kann man in den staatlichen Parks übernachten. Je nach Beliebtheit sollte man dort allerdings weit im Voraus buchen *(sanparks.org)*. Das Angebot an Ausflügen in die südafrikanische Wildnis ist riesig. Deshalb sollte schon bei der Planung entschieden werden, was man eigentlich sehen möchte. Hier einige Empfehlungen. Klassiker für die Big Five: *Kruger National Park* oder *Madikwe Game Reserve*. Für Elefanten: *Addo Elephant National Park*. Für eine interessante Flora: *West Coast National*

Park. Für herrliche Landschaft: *Golden Gate Highlands National Park*. In Kwazulu-Natal (KZN) leben die Big Five im *Hluhluwe-iMfolozi Park*, und für Fans der im Wasser gar nicht mehr so schwerfälligen Flusspferde ist der *iSimangaliso Wetland Park* das Maß aller Dinge.

Beste Zeit für den Besuch eines Wildparks ist der südafrikanische Winter (April bis September). Im Sommer, zur Regenzeit, zieht es die Tiere naturgemäß weniger an die Wasserlöcher, wo man sie gut beobachten kann. Auch sind die Bäume und Sträucher dann viel üppiger begrünt, sodass ihr weniger sehen könnt. Wenn ihr mit dem Auto einen öffentlichen Wildpark besucht, solltet ihr die vorgegebene Route aus Sicherheitsgründen nicht verlassen. Steigt auch nicht aus dem Auto aus und haltet die Fenster stets geschlossen – Leichtsinn kann gefährlich werden!

NOTFÄLLE

NOTFALLNUMMERN

Polizei: *10111*
Krankenwagen/Feuerwehr: *10177*
Notruf vom Mobiltelefon: 112

DIPLOMATISCHE VERTRETUNGEN

DEUTSCHE BOTSCHAFT

201 Florence Ribeiro Avenue | 0181 Pretoria | Tel. 012 427 89 00 | southafrica.diplo.de

ÖSTERREICHISCHE BOTSCHAFT

454 A Fehrsen Street | 0181 Pretoria | Tel. 012 452 91 55 | bmeia.gv.at/oeb-pretoria

SCHWEIZER KONSULAT

225 Veale Street | 0181 Pretoria | Tel. 012 452 06 60 | eda.admin.ch

WETTER IN JOHANNESBURG

Hauptsaison
Nebensaison

	JAN.	FEB.	MÄRZ	APRIL	MAI	JUNI	JULI	AUG.	SEPT.	OKT.	NOV.	DEZ.
Tagestemperaturen	26°	25°	24°	22°	19°	17°	17°	20°	23°	25°	25°	26°
Nachttemperaturen	15°	14°	13°	10°	6°	4°	4°	6°	9°	12°	13°	14°
Sonnenschein Stunden/Tag	8	8	7	8	9	9	9	10	9	9	9	9
Niederschlag Tage/Monat	13	9	8	7	3	1	0	1	2	8	11	12

Sonnenschein Stunden/Tag
Niederschlag Tage/Monat

SPICKZETTEL ENGLISCH

SMALLTALK

ja/nein/vielleicht	yes/no/maybe	jäs/nəu/mäibi
bitte/danke	please/thank you	plihs/θänkju
Wie bitte?	Pardon?	'pahdn?
Gute(n) Morgen!/Tag!/ Abend!/Nacht!	Good morning!/ afternoon!/evening!/ night!	gud 'mohning/aftə'nuhn/ ihwning/nait
Hallo!/Auf Wiedersehen!	Hello!/Goodbye!	hə'ləu/gud'bai
Ich heiße …	My name is …	mai näim is …
Wie heißt Du?/Wie heißen Sie?	What's your name?	wots jur näim?
Ich komme aus …	I'm from …	aim from …
Entschuldigen Sie!	Excuse me!	iks'kjuhs mi
Das gefällt mir (nicht).	I (don't) like this.	ai (dəunt) laik Dis
Ich möchte …	I would like to …	ai wudd 'laik tə …

ZEIGEBILDER

ESSEN & TRINKEN

Die Speisekarte, bitte.	The menu, please.	Də 'mänjuh plihs
Könnte ich bitte … haben?	May I have …?	mäi ai häw …?
Messer/Gabel/Löffel	knife/fork/spoon	naif/fohrk/spuhn
Salz/Pfeffer/Zucker	salt/pepper/sugar	sohlt/'päppə/'schuggə
Essig/Öl	vinegar/oil	'viniga/oil
Milch/Sahne/Zitrone	milk/cream/lemon	milk/krihm/'lämən
mit/ohne Eis/ Kohlensäure	with/without ice/gas	wiD/wiD'aut ais/gäs
Vegetarier(in)/Allergie	vegetarian/allergy	wätschə'täriən/'ällədschi
Ich möchte zahlen, bitte.	May I have the bill, please?	mäi ai häw De bill plihs
Rechnung/Quittung	invoice/receipt	'inwois/ri'ssiht
bar/mit Kreditkarte	cash/ATM card/credit card	käsch/äi ti äm kahrd/krädit kahrd

NÜTZLICHES

Wo ist …?/Wo sind …?	Where is …?/ Where are …?	'weə is…?'weə ahr …?
Wie viel Uhr ist es?	What time is it?	wot 'taim is it?
heute/morgen/gestern	today /tomorrow/ yesterday	tə'däi/tə'morəu/'jästədäi
Wie viel kostet …?	How much is …?	'hau matsch is …
Wo finde ich einen Internetzugang/WLAN?	Where can I find internet access/Wifi?	wär känn ai faind 'internet 'äkzäss/waifai?
Hilfe!/Achtung!/ Vorsicht!	Help!/Attention!/Caution!	hälp/ə'tänschən/'koschən
Apotheke/Drogerie	pharmacy/chemist	'farməssi/kemist
Fieber/Schmerzen	fever/pain	fihvə/peyn
kaputt/funktioniert nicht	broken/doesn't work	'brəukən/'dasənd wörk
Panne/Werkstatt	breakdown/garage	bräikdaun/'gärasch
Fahrplan/Fahrschein	schedule/ticket	'skädjuhl/'tikət
0/1/2/3/4/5/6/7/8/9/ 10/100/1000	zero/one/two/three/ four/five/six/seven/ eight/nine/ten/(one) hundred/(one) thousand	'sirou/wan/tuh/θri/fohr/ faiw/siks/'säwən/äit/nain/ tän/('wan) 'handrəd/ ('wan) θausənd

URLAUBS FEELING

ZUM EINSTIMMEN & AUSKLINGEN

LESESTOFF & FILMFUTTER

FARBENBLIND (BORN A CRIME, 2017)

Trevor Noah ist Südafrikas Comedy-Superstar. Als unehelicher Sohn eines Schweizers und einer Xhosa war er das, was es in der Apartheid offiziell nicht gab – ein Mischling. Das ist die Geschichte seiner spannenden Kindheit

GOOD MORNING, MR. MANDELA (2016)

Mit diesen Worten begrüßte Zelda la Grange fast 20 Jahre täglich ihren Boss. In diesem Buch hat die ehemalige Sekretärin Nelson Mandelas ihre Erinnerungen festgehalten

MANDELA – DER LANGE WEG ZUR FREIHEIT (2013)

Die verfilmte Lebensgeschichte Nelson Mandelas zeigt den Kampf für Freiheit und Gerechtigkeit in emotionalen Bildern. Mandela starb in dem Monat, als der Film herauskam

TSOTSI (2005)

Das bedeutet „Gangster" im Township-Slang: Davids Geschichte spielt im Johannesburger Untergrund, wo ein Mord keine große Sache und die Zukunft schon vor der Einschulung verspielt ist. Bis plötzlich ein Baby in einem entführten Auto liegt …

PLAYLIST QUERBEET

0:58

II SIPHO „HOTSTIX" MABUSE – BURN OUT
Wenig Text, viel Klavier – trotzdem der unumstrittene Diskohit der 90er-Jahre in Südafrika

▶ MIRIAM MAKEBA – THE CLICK SONG
So schön klicken wie sie konnte niemand: Musiklegende Makeba machte ein traditionelles Xhosa-Lied weltberühmt

▶ PJ POWERS – JABULANI
Nur ein Song von vielen, die dem Apartheidsregime missfielen

▶ SIXTO RODRIGUEZ – SUGARMAN
Jahrelang wusste der singende Fabrikarbeiter nicht, dass er in Südafrika berühmt war

▶ ZAHARA – LOLIWE (DER ZUG)
So schön wie die Gospelsängerin hat noch niemand diese Familiengeschichte besungen

Den Soundtrack zum Urlaub gibt's auf **Spotify** unter **MARCO POLO** South Africa

Oder Code mit Spotify-App scannen

AB INS NETZ

SA-VENUES.COM
Hier findest du selbst im kleinsten Dorf einen Hotel- oder Gasthaustipp. Zudem gibt's für jeden Ort eine kleine Einführung. Ideal ist das Portal auch für jeden, der z. B. den nächsten Golfplatz oder Wanderweg sucht

EAT OUT – RESTAURANT BOOKINGS
Für alle, die gern schlemmen. Die App liefert Infos zu über 5500 Restaurants und Köchen und zu dem, was die Gäste dazu meinen. Und man kann vorab einen Blick in die Speisekarten werfen

CAPE TOWN MAGAZINE
Für die Urlaubsmetropole Kapstadt gibt's keine bessere Adresse für Eventtipps als das Onlinemagazin *capetownmagazine.com*. Dazu kommen regelmäßig neue Restaurantkritiken

KRUGER NATIONAL PARK FIELDAPP
Was war das eben für ein Vogel? Und wie alt werden Löwen eigentlich? Die App listet alle Bewohner des Kruger-Nationalparks mit Foto auf. Per Klick gibt's die wichtigsten Infos zu den Big Five und Co.

TRAVEL PURSUIT

DAS MARCO POLO URLAUBSQUIZ

Weißt du, wie Südafrika tickt? Teste hier dein Wissen über die kleinen Geheimnisse und Eigenheiten von Land und Leuten. Die Lösungen findest du in der Fußzeile. Und ganz ausführlich auf den S. 18–23.

❶ Wie nannte Nelson Mandela sein Land?

a) Regenbogennation
b) Perle Afrikas
c) Königreich im Himmel

❷ Die Südafrikaner liebten Mandela, weil er …

a) Afrikas erster Nobelpreisträger war
b) sich an den weißen Unterdrückern rächte
c) die einzelnen Volksgruppen versöhnte

❸ Wie viele Amtssprachen hat Südafrika?

a) drei
b) fünf
c) elf

❹ Womit prüften die Rassisten des Apartheidsregimes die Volkszugehörigkeit eines Menschen?

a) mit dem Stifttest
b) mit dem Nasentest
c) mit dem Sprungtest

❺ Bei welchem Sport naschen die afrikaanssprachigen Buren am liebsten ihren Biltong?

a) beim Cricket
b) beim Rugby
c) beim Fußball

❻ Rooibos-Tee wird in die ganze Welt exportiert, wächst aber nur …

a) in den Cederbergen bei Kapstadt
b) in den Drakensbergen bei Durban
c) in den Bergen von Lesotho

Lösungen: 1a, 2c, 3c, 4a, 5b, 6a, 7b, 8b, 9c, 10b, 11c, 12c

Springbock-Herde im Kgalagadi Transfrontier National Park

❼ Womit signalisiert einem der Kellner, dass man jetzt als nächster bedient wird?
a) Er tippt zweimal auf seine Uhr
b) Er sagt, er komme „now now"
c) Er verdreht die Augen

❽ Kudu, Springbock, Gnu – auf Englisch werden kleinere Savannentiere wie genannt?
a) Play
b) Game
c) Toy

❾ „Ubuntu" ist in vielen Bevölkerungsgruppen Südafrikas heute noch weit verbreitet. Was bedeutet das Prinzip?
a) Der Stärkere gewinnt
b) Egal was du tust, tu es wie Mandela
c) Jeder hilft jedem

❿ Den größten Gewinn erzielt Südafrika durch den Export von ...
a) Kautschuk und Kaffee
b) Gold und Diamanten
c) Mandela-Puppen und Teppichen

⓫ Immer wieder fährt man auf Südafrikas Straßen an „Robots" vorbei. Was verbirgt sich dahinter?
a) automatisierte Schülerlotsen
b) grell blinkende Warnschilder
c) Verkehrsampeln

⓬ Wer sagte mal bei einer Rede in Johannesburg: „Ich habe meinen Mantel vergessen"?
a) Heidi Klum
b) Cristiano Ronaldo
c) Barack Obama

REGISTER